郑州航空工业管理学院青年英才计划、郑州航空工业管理学院商学院专项科研经费资助

# 高管货币薪酬激励对成本粘性的影响研究

闵泽豪◎著



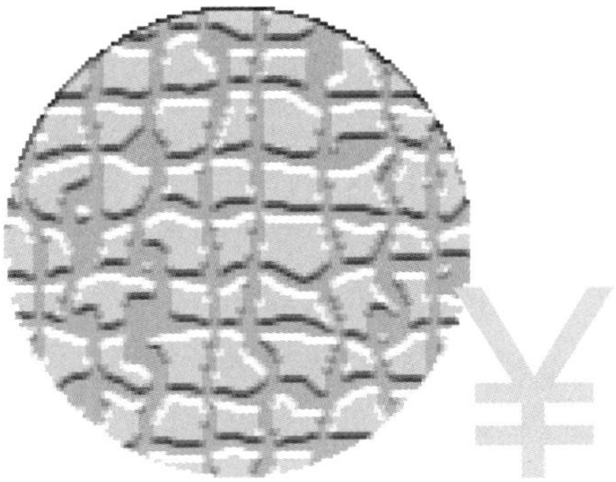

A STUDY ON THE IMPACT OF THE EXECUTIVES MONETARY COMPENSATION INCENTIVE ON THE COST STICKINESS

经济管理出版社
ECONOMY & MANAGEMENT PUBLISHING HOUSE

**图书在版编目（CIP）数据**

高管货币薪酬激励对成本粘性的影响研究/闵泽豪著．—北京：经济管理出版社，2021.6
ISBN 978-7-5096-8091-9

Ⅰ.①高…　Ⅱ.①闵…　Ⅲ.①上市公司—管理人员—劳动报酬—影响—企业管理—成本管理—研究—中国—2008-2016　Ⅳ.①F279.23

中国版本图书馆 CIP 数据核字（2021）第 126714 号

组稿编辑：许　艳
责任编辑：许　艳
责任印制：黄章平
责任校对：陈　颖

出版发行：经济管理出版社
（北京市海淀区北蜂窝 8 号中雅大厦 A 座 11 层　100038）
网　　址：www.E-mp.com.cn
电　　话：（010）51915602
印　　刷：唐山玺诚印务有限公司
经　　销：新华书店
开　　本：720mm×1000mm/16
印　　张：8.75
字　　数：133 千字
版　　次：2021 年 6 月第 1 版　　2021 年 6 月第 1 次印刷
书　　号：ISBN 978-7-5096-8091-9
定　　价：58.00 元

# 前　言

企业的成本管理对于企业绩效产生决定性作用，同时也代表了高管管理受托成本以及履行职责的情况。在我国上市企业成本普遍存在粘性特征的背景下，通过研究高管货币薪酬激励对成本粘性的影响，能够为我国上市企业成本管理提供有力的经验证据和政策指引。

有效的高管货币薪酬激励可以对成本粘性产生积极的影响：一方面，合理的高管货币薪酬有助于降低企业成本粘性；另一方面，恰当的高管货币薪酬激励可以约束高管的投机行为，使高管与股东利益产生协同效应。对此，本书选取国泰安数据库 2008~2016 年沪深两市上市公司面板数据作为研究样本，使用固定效应，分三个层面（水平、差距和比重）实证检验高管货币薪酬激励对成本粘性的影响，具体研究结论如下：

第一，高管货币薪酬水平对企业成本粘性具有重要影响，薪酬水平越高，越有利于成本粘性的降低；但是这种降低机制因企业产权性质、高管任期和企业透明度不同而存在异质性。与国有企业相比，民营企业高管货币薪酬水平越高，对成本粘性的降低作用越明显；与高管任期较长的企业相比，高管任期较短的企业高管货币薪酬水平越高，对成本粘性的降低作用越显著；与透明度较低的企业相比，透明度较高的企业高管货币薪酬水平越高，对成本粘性的降低作用越有效。

第二，高管货币薪酬差距会影响上市企业成本粘性，差距越大，越有利于降低成本粘性；但是不同产权性质、不同高管任期和不同企业透明度的作用机制存在较大区别。与国有企业相比，民营企业高管货币薪酬差距越大，对成本粘性的降低作用越明显；与高管任期较长的企业相比，高管任期较短的企业高管货币薪酬差距越大，对成本粘性的降低作用越显著；与透明度较低的企业相比，透明度较高的企业高管货币薪酬差距越大，对成本粘性的降低作用越有效。

第三，高管货币薪酬比重能够影响上市企业成本粘性，高管货币薪酬中短期货币薪酬所占比重越高，对成本粘性的降低作用越有效；但因企业产权性质、高管的任期和企业透明度的差异，这种影响路径存在明显差别。与国有企业相比，民营企业高管货币薪酬中短期货币薪酬所占比重越高，对成本粘性的降低作用越明显；与高管任期较长的企业相比，高管任期较短的企业高管货币薪酬中短期货币薪酬所占比重越高，降低成本粘性的作用越显著；与透明度较低的企业相比，透明度较高的企业高管货币薪酬中短期薪酬所占比重越高，降低成本粘性的作用越明显。

本书不仅研究了我国上市企业高管货币薪酬激励对成本粘性的影响，还深入挖掘了高管货币薪酬激励对成本粘性产生影响的内在机理，获取了高管货币薪酬激励影响成本粘性的传导机制，弥补了该领域经验证据缺乏、作用机制剖析不全面等不足。总之，有效的高管货币薪酬激励机制可显著降低股东和高管之间的代理问题。本书认为，高管货币薪酬激励对成本粘性的影响路径在于：恰当的高管货币薪酬激励制度能够抑制高管谋利动机，约束高管谋私行为，减少无效投资行为和在职消费，降低企业的成本粘性。

本书在我国上市企业成本普遍存在粘性特征的背景下，通过收集 2008~2016 年我国上市公司的面板数据，利用固定效应，从三个既相互联系又相互递进的层面（水平、差距和比重）实证分析了我国上市企业高管货币薪酬激励对于成本粘性的影响，主要的创新可以归纳为以下三点：

第一，揭示了高管货币薪酬水平对成本粘性的影响，得到了高管货币薪酬水平越高，越有利于降低成本粘性的经验证据；并通过进一步区分企业产权、高管任期和企业透明度，获取了高管货币薪酬水平对成本粘性的作用机制。

第二，检验了高管货币薪酬差距对成本粘性的效果，得到了高管货币薪酬差距越大，越有利于降低成本粘性的经验证据；并通过分样本的实证检验与分析，获取了不同产权企业、不同高管任期、不同透明度的企业高管货币薪酬差距对成本粘性的影响机理。

第三，测算了高管货币薪酬比重对成本粘性的效应，得到了高管货币薪酬中短期货币薪酬所占比重越高，对降低成本粘性越有效的经验证据；并通过进一步细分和比较不同样本（产权、高管任期和企业透明度）的实证结论，获取了高管货币薪酬比重对成本粘性的影响路径。

# 目　录

**第一章　绪论** ………… 001

第一节　研究背景与研究意义 ………… 001
第二节　研究内容、方法与技术路线图 ………… 004
第三节　创新点 ………… 006

**第二章　文献综述** ………… 008

第一节　委托代理视角下高管与成本粘性关系的文献回顾 ………… 008
第二节　激励视角下高管与成本粘性关系的文献回顾 ………… 012
第三节　成本粘性研究的文献回顾 ………… 016

**第三章　基础理论** ………… 028

第一节　委托代理理论 ………… 028
第二节　激励理论 ………… 034
第三节　成本理论 ………… 040

**第四章　我国上市企业成本存在粘性特征的经验证据** ………… 045

第一节　引言 ………… 045
第二节　理论分析与研究假设 ………… 047
第三节　研究设计与样本选取 ………… 050

**第五章　高管货币薪酬水平对成本粘性的影响** ………… 056

第一节　引言 ………… 056

第二节　理论分析与研究假设 …… 058
第三节　研究设计与样本选取 …… 063
第四节　实证结果与分析 …… 066
第五节　稳健性检验 …… 072

**第六章　高管货币薪酬差距对成本粘性的影响 …… 075**

第一节　引言 …… 075
第二节　理论分析和研究假设 …… 076
第三节　研究设计与样本选取 …… 079
第四节　实证结果与分析 …… 082
第五节　稳健性检验 …… 088

**第七章　高管货币薪酬比重对成本粘性的影响 …… 091**

第一节　引言 …… 091
第二节　理论分析和研究假设 …… 092
第三节　研究设计与样本选取 …… 098
第四节　实证结果与分析 …… 101
第五节　稳健性检验 …… 107

**第八章　结论及建议 …… 109**

第一节　研究结论 …… 109
第二节　政策建议 …… 112
第三节　研究局限性 …… 114

**参考文献 …… 116**

**后　记 …… 132**

# 第一章
# 绪论

## 第一节　研究背景与研究意义

### 一、研究背景

高管的货币薪酬激励能够对企业成本粘性产生重要影响。一方面，高管货币薪酬对高管工作的激励程度、对成本投资决策动机的影响程度会因为高管获得的薪酬水平、薪酬差距、薪酬比重的不同而存在差异，进而产生不同的投资决策，从而影响企业成本粘性，并最终反映在企业的营运业绩上；另一方面，企业营运的业绩要求其对高管的货币薪酬水平有反向制约能力。为满足企业的业绩要求，成本粘性对企业利润的约束是企业高管在进行成本投资决策时必须考虑的因素，内生的激励动机会促使企业高管在薪酬获取、成本粘性、业绩利润三者之间做出自身利益最大化的成本投资决策。从企业层面来看，良好的企业治理结构和行之有效的高管激励措施为企业的健康发展奠定了主基调，保障了企业在市场化竞争环境中的竞争优势。

Anderson M C，Banker R D，Janakiraman S N（以下简称 ABJ）于 2003 年在 *JAR* 上发表了《销售及一般管理成本产生粘性吗?》一文，借鉴经济学中有关“价格粘性”、“薪酬粘性”的概念，首次提出了“成本粘性”的概念。他们采用实证研究方法，得出成本随业务量增长的变动率与成本随业务量下降的变动率并不对称这一重要结论，并将这一现象称为“成本粘性”。

成本粘性的提出，引起了学术界的高度关注。我国在推进供给侧结构性改革进程中，如何有效降低成本、提升企业的国际竞争力，是上市企业尤其是国有上市企业面临的一个共性问题。企业层面降低成本需要从顶层设计来考虑问题，而不仅仅是从业务量变化的角度来考虑问题。要从顶层设计层面考虑降低成本的问题，就必须重视企业“成本粘性”问题的存在，在考虑顶层设计时，尽可能抑制企业的成本粘性，在考虑抑制成本粘性的前提下来设计企业治理结构和高管货币薪酬激励措施，同时通过合理的顶层设计来达到有效降低成本的目的。因此，站在企业顶层设计的角度来研究高管货币薪酬激励与成本粘性问题，具有非常重要的理论意义和现实意义。具体而言，本书将从高管货币薪酬激励的视角为成本粘性方面的研究找到一个新的切入点，进一步将高管货币薪酬激励分为高管货币薪酬水平、高管货币薪酬差距以及高管货币薪酬比重三个方面，分别度量且实证检验出高管货币薪酬激励对成本粘性的影响，以期能为上市企业在进行顶层设计的过程中，在高管货币薪酬激励方面制定出更为有效的方案和形成更为合理的长效激励机制提供一定的参考。

## 二、研究意义

本书研究我国上市企业高管货币薪酬激励对成本粘性的影响。有效的高管货币薪酬激励可以降低上市企业的成本粘性。高管货币薪酬激励对成本粘性的影响是通过高管自利行为发生作用的，有效的高管货币薪酬激励机制可降低代理问题，抑制高管的自利行为，而高管的自利行为会加重成本粘性，高管货币薪酬激励机制通过降低委托者和高管之间的代理问题来抑制高管的自利行为，从而降低成本粘性。本书基于委托代理理论、激励理论和成本理论，从更广义的维度划分高管的激励层次，通过研究发现高管的货币薪酬激励可以降低企业的成本粘性，该发现具有重要的理论和现实意义。

其中理论意义表现在：

第一，本书为高管货币薪酬激励对成本粘性的影响提供了经验证据。国内外有关成本粘性的研究，主要是从经济因素（如资产密度和未来需求的不确定性）来解释成本粘性，在很大程度上忽视了企业顶层设计层面高管货币薪酬激励对成本粘性的影响。本书采用固定效应来测算高管货币薪酬激励对成本粘性的影响，以期能够拓展成本粘性研究视角。

第二，本书不仅研究了我国上市企业高管货币薪酬激励对成本粘性的影响，而且深入研究了高管货币薪酬激励对成本粘性产生影响的内在机理，揭示了高管货币薪酬激励影响成本粘性的传导机制。成本粘性的存在是因为高管在进行投资决策时会掺杂自己的自利动机，作为理性的高管，其会从自身利益最大化的目标出发，进行一些利己选择。有效的高管货币薪酬激励机制可有效降低股东和高管之间的代理问题，本书认为，高管货币薪酬激励机制影响成本粘性的作用机理在于：恰当的高管货币薪酬激励制度能够约束高管的谋私行为，减少无效投资行为，降低企业的成本粘性。

第三，本书拓展了高管货币薪酬激励的经济后果的相关研究。高管货币薪酬激励会在短期或长期对企业管理与价值产生重要的影响。本书将高管货币薪酬激励进一步分为货币薪酬水平、货币薪酬差距和货币薪酬比重三个方面，分别度量且实证检验出不同层次的高管货币薪酬激励对成本粘性的影响，发现不同层次的高管货币薪酬激励对成本粘性的影响程度与传导机制存在显著的差异，从而为拓展高管货币薪酬激励的经济后果提供经验证据。

现实意义表现在：

第一，本书的实证研究可以使企业的所有者和高管意识到高管货币薪酬激励机制能够有效抑制成本粘性，通过对国内上市企业高管货币薪酬激励对成本粘性产生的影响进行实证分析，发现有效的高管货币薪酬激励制度不但能够降低资产价值消耗、提高资产利用效率，还可以抑制高管的自利行为，从而降低成本粘性。

第二，本书的研究有助于提升我国上市企业的治理水平与管理效率，为企业高管货币薪酬比重的制定提供一些改革思路与现实启发。我国上市企业的治理水平较低、管理效率不高、管理成本较高以及成本管理不善等现状，很大程度上来源于高管的自利动机，这与上市企业高管货币薪酬激励中短期货币薪酬的比重存在一定的必然联系。本书的研究成果为高管货币薪酬的制定提供了证据支撑。

# 第二节　研究内容、方法与技术路线图

## 一、研究内容

本书在我国上市企业成本普遍存在粘性特征的背景下，使用固定效应，分三个层面（水平、差距和比重）实证检验高管货币薪酬激励对成本粘性的影响。主要内容如下：

第一，本书基于国泰安数据库 2008~2016 年我国上市企业的面板数据，得到了我国上市企业成本存在粘性特征的经验证据，获取了我国上市企业成本粘性的影响机制。

第二，本书使用国泰安数据库 2008~2016 年 A 股上市企业面板数据作为研究对象，研究发现：高管货币薪酬水平对企业成本粘性有重要影响，高管货币薪酬水平越高，越有利于成本粘性的降低；进一步地，与国有企业相比，民营企业高管货币薪酬水平越高，对成本粘性的降低作用越明显；与高管任期较长的企业相比，高管任期较短的企业高管货币薪酬水平越高，对成本粘性的降低作用越显著；与透明度较低的企业相比，透明度较高的企业高管货币薪酬水平越高，对成本粘性的降低作用越有效。

第三，本书采用国泰安数据库 2008~2016 年 A 股上市企业面板数据为研究样本，检验高管货币薪酬差距对企业成本粘性的影响。研究发现：高管货币薪酬差距会影响上市企业成本粘性，差距越大，越有利于降低成本粘性；进一步地，与国有企业相比，民营企业的高管货币薪酬差距越大，对成本粘性的降低作用越明显；与高管任期较长的企业相比，高管任期较短的企业高管货币薪酬差距越大，对成本粘性的降低作用越显著；与透明度较低的企业相比，透明度较高的企业高管货币薪酬差距越大，对成本粘性的降低作用越有效。

第四，本书以国泰安数据库 2008~2016 年 A 股上市企业面板数据为研究样本，研究发现：高管货币薪酬比重会影响上市企业成本粘性，高管货币薪酬中短期货币薪酬所占比重越高，对成本粘性的降低作用越有效；进一步地，与国有企业相比，民营企业高管货币薪酬中短期货币薪酬所占比重越高，对成本粘性的降低越明显；与高管任期较长的企业相比，高管任期较短的企业高管货币薪酬中短期货币薪酬所占比重越高，降低成本粘性的作用越显著；与透明度较低的企业相比，透明度较高的企业高管货币薪酬中短期薪酬所占比重越高，降低成本粘性的作用越明显。

## 二、研究方法

本书的研究方法包括理论分析方法和实证分析方法：

理论分析方法是指在对本书的相关概念——成本、成本粘性、高管、激励等进行定义的前提下，借鉴诸多文献资料，根据国内上市企业高管货币薪酬激励的现状，运用归纳法与演绎法密切融合的方式，对委托代理理论、激励理论和成本理论进行了重点分析，从而为实证部分的假设提出奠定了理论基础。

实证分析方法是指本书选取国泰安数据库中我国2008~2016年沪深股市中的上市公司面板数据作为研究样本，采用固定面板效应测算了高管货币薪酬激励对成本粘性的影响。基于面板数据的参数估计，既反映了时间维度的变化趋势，又反映了不同截面样本间的特征差异。

为了解决内生性问题，使用PSM和IV-2SLS进行稳健性检验，通过设置工具变量来尽量减轻内生性，并配合面板校正标准误技术来克服异方差等问题。为了保证实证分析结果的有效性，使用交乘项和分组检验深入进行实证研究，并将高管货币薪酬激励对成本粘性的影响进一步细分成三个层次（水平、差距和比重），以确保结论的稳健。

本书将收集的我国2008~2016年沪深股市中的上市公司面板数据作为研究样本，分析了成本粘性、高管货币薪酬、资本密集度、劳动密集度、负债水平、GDP的增速等变量，既用较少的指标反映了不同变量的综合信息，又尽量避免了模型的多重共线性。

## 三、技术路线图

本书的技术路线如图 1-1 所示。

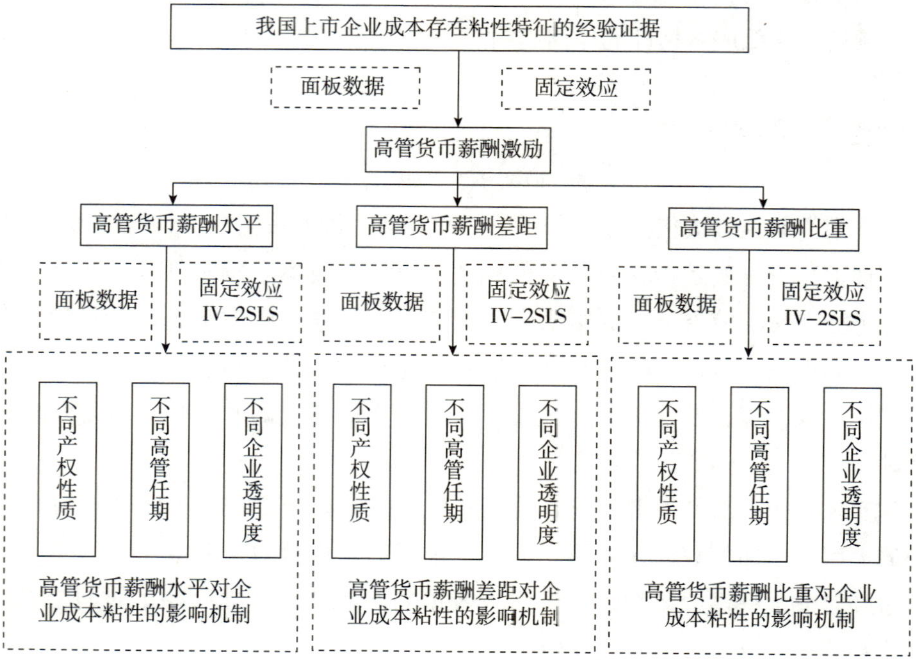


**图 1-1 技术路线图**

# 第三节 创新点

本书基于国泰安数据库 2008~2016 年我国上市公司的面板数据，在我国上市企业成本普遍存在粘性特征的背景下，利用固定效应测算了我国上市企业高管货币薪酬激励对成本粘性的影响。本书不仅研究了我国上市企业高管货币薪酬激励对成本粘性的影响，还深入研究了高管货币薪酬激励对成本粘性产生影响的作用机理，获取了高管货币薪酬激励影响成本粘性的经验证据，弥补了该领域研究文献缺乏、机制剖析不全面等方面的不足。

总之，有效的高管货币薪酬激励机制可显著降低股东和高管之间的代理问题。本书认为，高管货币薪酬激励影响成本粘性的路径在于：恰当的高管货币薪酬激励制度能够抑制高管自利动机，约束高管谋私行为，减少无效投资行为和在职消费，降低企业的成本粘性。

本书的潜在创新可以归纳为以下三点：

第一，揭示了高管货币薪酬水平对成本粘性的影响，得到了高管货币薪酬水平越高，越有利于降低成本粘性的经验证据；并通过进一步区分企业产权、高管任期和企业透明度，获取了高管货币薪酬水平对成本粘性的作用机制。

第二，检验了高管货币薪酬差距对成本粘性的效果，得到了高管货币薪酬差距越大，越有利于降低成本粘性的经验证据；并通过分样本的实证检验与分析，获取了不同产权企业、不同高管任期、不同透明度的企业高管货币薪酬差距对成本粘性的影响机理。

第三，测算了高管货币薪酬比重对成本粘性的效应，得到了高管货币薪酬中短期货币薪酬所占比重越高，对降低成本粘性越有效的经验证据；并通过进一步细分和比较不同样本（产权、高管任期和企业透明度）的实证结论，获取了高管货币薪酬比重对成本粘性的影响路径。

# 第二章

# 文献综述

作为本书的研究基础，本章从三方面综述现有的文献：一是关于成本存在粘性特征的研究，这是本书研究的前提；二是关于委托代理理论与成本粘性的研究，这为研究高管（代理人）行为和决策对成本粘性产生影响提供依据；三是关于激励理论与成本粘性的研究，这为研究高管激励对成本粘性产生影响奠定基础。以上研究可以为探讨以中国为代表的转型国家上市企业高管货币薪酬激励对成本粘性的影响提供思路上的借鉴。

## 第一节　委托代理视角下高管与成本粘性关系的文献回顾

公司治理机制是委托代理理论的应用，CEO 任期、企业治理、高管货币薪酬比重与激励都是公司治理机制的重要组成部分，都可以对成本粘性产生重要影响，以下分别回顾相关的实证研究文献。

### 一、CEO 任期、管理层预期对成本粘性的影响

长期任职的 CEO 有更多的时间培育组织内的关联关系并积累权力，从而更有可能造成壕沟效应（Entrenchment Effect）。由于能对董事产生较高的控制权，他们通常会以自身利益为核心做经营管理决策，有可能会损害股东利益。Berger、Ofek 和 Yermack（1997）将 CEO 任期作为高管防御能力的代理变量，并发现在控制影响杠杆的非管理因素之后，在 CEO 更根深蒂固时，企业拥有更低的杠杆水平。一般而言，高管有动机进行帝国构建，希望通过扩大企业

规模来提高自己的威望和报酬，而长期任职的CEO在企业规模扩大时更有可能获得高报酬，从而其应该有更大的帝国构建动机。因此，随着任期的加长，高管的帝国构建动机将增加，这会产生更大的营业成本不对称问题。

高管期望在企业规模扩大后获得更高的威望和报酬，他们更有动机去进行帝国构建（Murphy，1985；Jensen & Murphy，1990）。具体来说，高管的帝国构建动机会随着其职业生涯中职位的提升而增加，对于即将退休或期望在短时间内离职的高管，帝国构建的预期收益将会留给其继任者而不是他们自己，这会减少其帝国构建行为的激励。与此一致，Dechow 和 Sloan（1991）发现，CEO在其任期的最后几年，R&D支出相对较少。因此，我们推测那些处于最后任期年限的CEO不太可能进行帝国构建，而在必要时可能削减营业成本，使成本不对称程度降低。

Banker等通过实证研究了高管乐观预期和悲观预期对企业成本粘性的影响，结论表明：当企业高管对未来业务量的需求不确定时，若企业业务量下降，成本调整成本的存在会使企业高管保留多余的闲置成本；若企业业务量上升，企业高管不会立即增加承诺成本投入。

Kenji Yasukata 和 Takehisa Kajiwara 通过实证研究发现，当企业面临销售额下降时，管理者会认为这种下降是暂时的，并预期未来销售会反弹，因此高管会有意持有资源，这样的行为从长远来看是合理的，如果未来企业销售额增加，企业就消除了应对销售下滑和销售增加时重新获得资源的成本，那么保持资源可能实现更低的成本，从而获得更高的利润。

Chen、Gores 和 Nasev（2013）认为，管理者在成本调整过程中拥有自由裁量权（Anderson，Banker & Janakiraman，2003），因此管理决策会对成本粘性产生重要作用，他们提出用管理者过度自信对成本粘性行为进行解释。他们认为，当销售下降时，过度自信的机制优于平均效应和误差，将影响对于未来需求的管理者的评价，这意味着过度自信的管理者会高估未来销售反弹的可能性，从而导致管理者保持多余的成本，最终导致成本费用粘性增大。

Rajiv D. Banker 等（2014）把管理层预期作为影响成本粘性的重要因素，他们认为成本粘性驱动因素包括调整成本的幅度、管理层对未来销售的预期、在过去时间内的闲置资源调整速度以及企业的管理激励。

周兵等（2016）基于我国2000~2014年上市公司数据研究发现，不同竞争战略的企业的成本行为是不同的，选择差异化战略的成本粘性要高于选择低成本战略的成本粘性；管理层的不同预期也会对成本粘性产生不同的影响，管理层乐观预期会提升成本粘性，而悲观预期会降低成本粘性。

以上文献基于委托代理理论，通过实证研究，证明了高管任职期限会对企业产生很大影响。虽然在任职期限较长的情况下，高管可以累积更多的工作经验，对企业发展产生良好的影响；然而，任期较长可以使高管有更多的机会通过自利投资行为获取巨大的利益。高层管理人员任职期限越长，他们在企业之中构建同盟的可能性也越大，甚至可以通过控制董事会来获得更多的利益，最终侵害股东的权益。因此，任职期限较长很容易使高管持有更多的权力，增加一些与主营业务关系不大的多样投资。这种无目的性、无规划的投资会减少企业价值，然而高管却可以从中谋得很多个人利益，以此来弥补运营环境不够明确使个人面临的亏损。此时高管负担的风险非常小，企业负担的风险则较高，两者之间风险负担不够均衡，造成企业代理问题越发严峻。这些结论为进一步研究成本粘性奠定了良好的基础，但是这些研究也存在实证研究视角比较单一、影响机制剖析不够深入等不足，没有进一步细分不同产权性质、不同高管任期、不同透明度的企业高管（代理人）行为对成本粘性的影响，这也是我们需要进一步研究的方向。

## 二、企业治理对成本粘性的影响

强大的企业治理机制可以减少代理问题，并限制高管以牺牲股东利益为代价来促进自身利益的动机（Shleifer & Vishny，1997）。大量的经验证据均支持企业治理机制在减少高管构建企业帝国或不愿意裁员等方面所体现的代理问题的有效性。例如，Titman 等（2004）研究发现，与高管的帝国构建行为一致，资本支出与后期收益之间存在负相关关系。但是，他们发现这种行为在敌意收购更为普遍时并不存在。Masulis 等（2007）研究发现，受更多反收购条款保护的高管更有可能沉迷于价值受损的收购。Gaspar 等（2005）发现，长期股东监督能够减少投标方高管的回旋余地，使并购方高管不得不参与可疑收购以提高高管的私有收益。Richardson（2006）发现，积极股东的存在降低了自由现金流的过度投资现象，强大的企业治理机制将阻止高管过度增加营业成本以应对需求增加，并激励高管削减营业成本的冗余成本以应对需求减少。

Calleja 等（2006）在 Subramaniam 和 Weidenmier 实证研究的基础上，利用英、德、美、法等国家的企业财务数据，对其成本粘性表现出的差别进行了实证研究。他们认为，与美、英两国相比，法国与德国的企业成本粘性水平较高，主要是由于这些国家不同的企业治理系统对高管成本管理行为造成了影响，从而导致各个国家成本粘性形成原因与粘性水平不尽相同。

Banker 和 Chen（2006）对 19 个经合组织内部成员国进行了深入研究，以期证实不同国家成本粘性的差别。结论表明，维持成本粘性企业要素固定的前提下，由于国与国劳动力市场特点相差悬殊，各个国家成本粘性水平呈现出明显的差别。如果某个国家工会组织谈判水平较高，则其最终会提升成本粘性。

Dierynack 和 Render 利用比利时 1994~2006 年的财务数据，实证研究了成本粘性与公司盈余管理动机的相关关系，通过研究得到结论：盈余管理动机比较强的公司样本的成本粘性水平较低。

Kajiwara 和 Yasukata 针对日本企业的成本粘性情况进行了深入研究。结论显示，日本代理问题非常少，随着国家对高管的监管越发严苛，成本粘性水平有所下滑，而家族式管理模式以及对职员终身聘请制的存在，在某种程度上又导致成本粘性水平明显提升。

Clara Xiaoling Chen 等（2012）研究认为，ABJ 只从经济因素视角考察成本粘性，但由于不同企业资产强度存在异质性，未来需求也有很大的不确定性，因此，很大程度上就忽视了影响成本行为的管理激励机制。

以上文献基于委托代理理论，通过实证研究表明：企业的经营权和所有权实现了分离，这就使企业的高管和股东利益之间必将存在差异，再加上高管和股东之间本身存在严重的信息不对称问题，相较于企业的股东而言，高管能够掌握的企业信息更多，这往往会导致企业产生代理问题和逆向选择。在企业的收入下滑以后，高管为了确保自身在职消费等隐性福利不受影响，就会产生过度投资的动机，为了掌握更多的个人消费资源，高管通常会投入更多的成本用于企业发展。与之相反的是，当高管的薪酬水平本身较高时，高管能够获得有效的激励，也会以更加饱满的热情投入工作，此时高管就会有效降低企业成本，进而提高企业经营业绩和自己的收入。如果组织能够设置科学合理的高管货币薪酬体系，那么就能够确保高管和股东利益的一致性，从而进一步降低产生成本粘性的可能性。这些结论为进一步研究成本粘性奠定了良好的基础，但是这些文献没有深入挖掘高管（代理人）行为对成本粘性的影响，也没有进一步细分国有企业与民营企业、高管任期较长和较短、透明度的较高和较低的企业高管（代理人）行为对成本粘性的影响，因而需要我们做进一步的研究。

## 第二节　激励视角下高管与成本粘性关系的文献回顾

### 一、高管货币薪酬激励对企业绩效的影响

股东可以建立科学的高管货币薪酬激励体系，通过薪酬体系的方式激励高管的工作，减少股东利益和高管利益之间的冲突。本书首先回顾高管货币薪酬激励对企业绩效影响的相关实证研究文献。

张金若、辛清泉和童一杏（2013）基于我国上市公司的财务会计数据，在分析利润表“公允价值变动损益”项目的确认及其“转回”特征的前提下，重新构造变量，实证检验了“交易性金融资产、交易性金融负债及公允价值变动直接计入当期损益的其他金融资产或金融负债”产生的损益信息对股票报酬和高管货币薪酬契约的影响，避免了直接利用利润表的“公允价值变动损益”信息检验造成的错误解释公允价值涨跌信息价值的后果，并得出这类项目的公允价值信息对股票年度报酬及高管货币薪酬总额都没有显著影响的经验证据。

夏宁和董艳（2014）以我国 2007~2011 年在深圳中小板上市的企业的财务数据为基础，通过实证研究，得到员工薪酬与高管货币薪酬仅在国有中小上市公司中产生激励作用的结论；通过对薪酬差距的实证检验，得到在设计薪酬时不仅要考虑薪酬的绝对值和相对值，还应注意企业所处的具体情境，

考虑高管团队协作需要、财务风险、技术复杂性和企业规模等因素对薪酬差距影响的经验证据。

祁怀锦和邹燕（2014）通过实证研究表明：我国高管货币薪酬分配总体服从右偏分布，分配不公平且趋势逐年恶化；分配不公平的公司集中度加强；相对于普通员工薪酬，高管货币薪酬的市场定价相对更公平；高管货币薪酬外部公平性显著影响企业业绩，且存在区间效应，从而导致了公平分配机会成本。

耿云江和王明晓（2016）在测算超额在职消费的前提下，实证研究了超额在职消费对高管货币薪酬业绩敏感性的影响，从而得出媒体监督闲置超额在职消费有重要的调节作用的经验证据。同时还发现，高管超额在职消费会显著削弱高管货币薪酬的业绩敏感性，媒体监督能够对此进行有效降低。相比民营企业，媒体监督对国有企业的调节作用更加明显。

王珏玮、唐建新和孔墨奇（2016）以2007~2012年我国上市公司中出现重大并购的企业为样本，通过实证研究表明：在并购完成后，并购收益与公司盈余管理存在负相关关系；盈余管理与并购收益对高管货币薪酬的变动存在相互替代的关系，即并购收益越低，盈余管理对促进高管货币薪酬增长的影响越大。

柴才、黄世忠和叶钦华（2017）利用2009~2015年我国上市企业财务数据，基于企业的竞争战略在三种薪酬激励视角下分别检验了两种竞争战略下的高管货币薪酬激励机制是否存在差异。通过实证研究，得到在考察高管货币薪酬激励对公司业绩的影响时，应根据不同的竞争战略，选择与之相匹配的高管货币薪酬激励机制的经验证据，同时指出更要注重对高管激励方式选择的合理性，否则将对公司业绩产生不利影响。

以上文献基于激励理论，通过实证研究表明：若企业设置了科学合理的高管货币薪酬体系，则能够确保高管和股东利益的一致性，从而对企业绩效产生积极的影响。但是这些文献研究内容不丰富，没有深入研究高管货币薪酬架构中薪酬水平、差距和比重对企业绩效的影响，也没有进一步细分不同产权性质、不同高管任期、不同透明度的企业高管货币薪酬对企业绩效的影响，因而需要我们做进一步的研究。

## 二、高管激励水平对成本粘性影响

对高管的激励包括物质激励和精神激励，物质激励进一步分为短期（一年以内，货币薪酬）激励和长期（一年以上，股权）激励。国内外不少学者基于激励理论从高管货币薪酬水平、架构和不同薪酬期限研究高管激励对成本粘性的影响，以下分别回顾相关的实证研究文献。

Chen 等（2012）记录了建立企业的激励因素如何影响经营者对外部需求冲击的成本决策。他们发现：企业高管在销售额增加时会迅速增加销售和一般管理（营业）成本；反之，当销售额下滑时会迅速降低销售和一般管理（营业）成本。

Banker 等（2014）发现，成本粘性与高管激励存在联系。成本粘性和成本反粘性的程度随着订单积压和分析师销售预测的变化而变化，从而论证了高管非物质激励和悲观情绪的逻辑。前期销售方向的变更会影响转入本期的浮动量。在前期销售下降之后，高管的情绪可能偏向更为消极的层面，最终使成本粘性降低或变为反粘性。

孙维章等（2016）利用我国 2008~2012 年上市企业的数据，通过实证研究发现，我国上市公司存在成本粘性，高管货币薪酬激励可以有效降低成本粘性。相比经济落后地区，发达地区上市公司中高管货币薪酬对成本粘性的降低作用较差。

以上文献基于激励理论，通过实证研究表明，制定合理的高管货币薪酬体系，能够提升高管工作的积极性，减少在职消费和过度投资，进一步降低产生成本粘性的可能性。但是这些文献实证研究不全面，没有深入研究高管货币薪酬架构中薪酬水平、差距和比重对成本粘性的影响，也没有进一步细分不同产权企业、不同高管任期、不同透明度的企业高管货币薪酬对成本粘性的影响，因而需要我们做进一步的研究。

## 三、高管货币薪酬架构、不同薪酬期限以及股权激励对成本粘性影响

高管货币薪酬体系结构也会影响成本粘性。更多的可变薪酬能引发更大

的激励，并导致高管的帝国构建动机降低，但可变薪酬可能是高管从企业提取租金的一种方式（Hanlon，Rajgopal & Shevlin，2003）。而CEO薪酬对高管帝国构建行为的影响，可能与由业务成本驱动的其他类型行为有所不同。Kanniainen（2000）发现，在放松绝对风险规避和谨慎性偏爱的假设下，当期报酬是固定收入时，高管的帝国构建动机较弱。而当高管总薪酬中固定收入的比重下降时，投资增加为高管提供了保护自身的手段，在不确定的情况下其过度投资的动机更大。

Banker、Huang和Natarajan（2011）认为，当投入成本支出创造高未来值时，长期薪酬激励补助与投入成本支出增长呈正向关系。研究结论显示，长期薪酬激励对高管调节成本、做出决策存在明显的影响。

Wiersma将高管货币薪酬架构视作其动机的代理变量，在对企业成本架构形成的影响予以制约的前提下，剖析了高管动机对成本粘性产生的影响。研究结果显示，短期薪酬所占比重较高时，能够促使高管在业务量不断下滑的情形下，立即做出减少成本的决策，从而造成成本粘性下降。相反，短期薪酬所占比重较低时，极有可能促使高管在业务量下降的情形下短暂保持成本状态，等待以后业务量回升。

赵息和李粮（2012）利用我国2007~2010年上市国有控股企业的数据，通过实证研究发现，在高管货币薪酬架构里，短期货币薪酬所占比重较高，那么成本粘性也较低。反过来说，高管货币薪酬架构里，短期货币薪酬所占比重较低，那么成本粘性会更为显著。

谢获宝和惠丽丽（2014）利用手工收集的我国2005~2011年上市公司数据，通过实证研究发现，CEO的任期、更替、薪酬结构和企业自由现金流水平都会对企业的成本粘性程度产生显著影响。

Rajiv D. Banker等（2010）利用1970~2004年的财务数据分析"股权激励"对企业成本粘性的影响。通过实证研究股权激励对成本粘性的影响，得到了新的股权激励会导致投入成本的增加创造出更高的未来价值，当投入成本支出能够创造更高的未来价值时，公司采用新的股权激励机制，高管更有可能做出合理的投资决策，从而降低成本粘性的经验证据。

以上文献通过实证研究得到了短期货币薪酬所占比重越高，成本粘性会越低的经验证据，为进一步研究成本粘性奠定了良好的基础，但是这些文献没有深入挖掘高管货币薪酬架构中薪酬水平、差距和比重对成本粘性的影响，也没有进一步细分国有企业与民企、高管任期较长和较短、透明度较高和较低的企业高管货币薪酬对成本粘性的影响，因而需要我们做进一步的研究。

## 第三节　成本粘性研究的文献回顾

国内外研究成本粘性的相关文献中，早期的研究主要分析成本粘性的概念、特征、成因等，随后的实证研究主要围绕成本粘性的存在性、国别差异、行业差异、部门差异等展开论证，以下分别回顾相关研究文献。

### 一、成本粘性概念的提出

成本粘性概念的产生，如同其他事物的发现过程一样，并非一蹴而就，而是经历了十年之久的发展。会计领域对于成本粘性的研究，在早期被称为“非对称性”，是在研究“期间费用”时发现的。

Banker 和 Johnston（1993）通过对美国航空行业的大量研究，指出航空企业成本增减虽然并未伴随收入增减而出现规律性的变化，但却和销售收入变化方向呈现出密不可分的关系。尽管他们并未针对这种现象做出正式的实证分析，但是企业成本与销售收入的密切关系却暗示了成本粘性的存在。

Noreen 和 Soderstrom（1997）认为，管理费用对成本变化过程产生了一定粘性，这可能意味着成本和业务量并非线性变动关系，但是却一直并未发现成本粘性的确切证据。

Cooper 与 Kaplan 指出，很多有关管理人员思考事物的假定被用于阐释成本粘性问题，成本粘性出现的基础条件为，不管管理人员是解除还是再次签署成本供给合约，均会出现一定成本。如果市场商品需求量骤减，管理人员仍然会保持原来的成本供给情况，而不是立刻做出有效行动，通过消耗资金来调整目前的成本费用。如此一来，会导致企业的财务报表出现这一状况：虽然企业收入降低，但是成本极有可能不会成比例降低。

“成本粘性”的概念是由 Anderson 等（2003）首次提出的。Anderson 等

（2003）通过研究1979~1998年于美国完成上市的7629个样本的年度财务报告，验证了美国上市企业“普通管理费、销售费”在变动方向方面存在不对称性，即出现了成本粘性。他们指出，当营业收入增长1个百分点时，成本平均上涨0.55个百分点；当营业收入下降1个百分点时，成本平均下降0.35个百分点。结合其他众多中外学者对成本粘性的定义，本书中“成本粘性”是指销售收入上升时成本上涨率高于销售收入降低时的成本下跌率的情况。孙铮和刘浩（2004）利用相同的研究方法对国内上市公司的数据进行研究，也检验了国内上市企业营业成本、管理费用同样产生某种粘性行为。

## 二、成本粘性的实证研究

自从Anderson等（2003）提出成本粘性的概念之后，成本粘性问题便成为管理会计领域研究的热点。在清晰界定成本粘性含义的前提下，将研究重心放置于成本粘性总体特征和成本粘性在微观、中观、宏观层面上的具体特征。

1. 成本粘性的总体特征主要包括普遍性、差异性、反向性、反转性

（1）普遍性。成本粘性是客观存在且非常普遍的现象。企业生产运营状况下滑是导致成本粘性出现的基础条件。假如某个企业生产运营保持不变，那么必然不会出现成本粘性。但事实上，企业在不同的发展阶段会受到很多内外部因素的影响，销售收入下降、生产力不足等都是难以避免的，从而导致成本粘性普遍性这一特征。

Anderson等（2003）提出成本粘性的概念后，学者们在此基础上纷纷开始寻找成本粘性客观存在的证据。因此，从总成本的角度证实了成本粘性是客观存在的。

Banker等（2013）选择了20个发达国家和发展中国家的企业数据作为样本，通过研究发现20个国家中有19个国家的经营成本是粘性的，表明成本粘性是一个全球性的现象。

Octavia Ribera de Medeiros和Patricia de Souza Costa通过对巴西国内企业财务数据的分析，证实了成本粘性也存在于巴西企业中。Yasukata等通过研究日本的上市企业数据，发现日本企业也存在成本粘性。利用航空业的数据，

Cannon（2014）发现航空企业的生产成本也存在非常明显的粘性。孙铮和刘浩（2004）利用我国资本市场数据，证明了我国上市企业的销售成本整体上也存在粘性行为。

（2）差异性。成本粘性的差异性是指，成本粘性程度存在着部门差异、行业差异、地区差异、国度差异等。

Balakrishnan 和 Gruca（2008）将加拿大安大略省的 190 个医院 1986～1989 年的所有年度财务报告数据作为研究对象，通过实证分析得知，与企业发展与竞争能力密不可分的部门，其销售成本粘性水平要更高一些。对企业发展影响较低的部门，其销售成本粘性要低很多。

Subramanian 等通过对制造业“营业费、普通成本与行政费、产品销售费”存在的粘性状况进行深入研究，指出制造业“营业费、普通成本与行政费”粘性较强，金融行业“产品销售费”粘性较强；刘武构建计量模型，从上市企业行业差别的视角入手做了大量研究。研究结论显示，制造业与高新技术行业成本粘性比较强，房地产行业成本粘性较弱。

陈灿平依据地域性对国内上市企业做了划分，将其分为东部、中部和西部，利用 A 股市场上 1998～2005 年的财务数据，研究发现西部区域企业成本粘性位居首位，中部地区排名位居其次，东部地区企业成本粘性最低。

Calleja 等（2006）通过对美、英、法、德四个国家 3500 个企业 1988～2004 年的财务数据进行深入分析得出，销售成本和收入之间产生粘性。收入每增长 1%，销售成本增长 0.97%；收入每减少 1%，销售成本仅仅降低了 0.91%。不同国家之间成本粘性同样具有明显的差别，因为企业监管制度与治理能力存在差别，因此，美国与英国的企业成本粘性和法国、德国企业相比，明显偏小。

（3）反向性。成本粘性的反向性指的是成本粘性和业务量的降低速度呈反比例关系。

Subramanian 等研究发现了成本粘性的反向性特点。他们利用 1997～2000 年美国 9592 家上市企业的财务数据，依据营业收入的变化幅度将其分成了 6 档，每隔 5%分为一档。研究发现，如果企业的销售收入稳定或者降低程度很小，高管面对的压力必然会很小，也会希望维持现有状态，所以成本粘性必定会很大；如果销售收入降低幅度较大，那么高管面对的压力必定上涨，此时通常会采用很多举措，希望可以减少成本，降低销售收入下滑引发的不良后果，令企业持续创收，所以成本粘性较小。然而，也有学者注意到，成本粘性受到业绩的显著影响，他们把这种现象定义为成本粘性的反向性，即当业绩的变动量增加时，成本粘性反而减少。

孔玉生等（2007）发现，我国的上市企业也存在成本粘性反向性的特征，表现为当业绩的变动量在20%以上时，成本粘性反而变得更弱。

（4）反转性。成本粘性的反转性指的是企业在生产运营时，成本粘性会在后期会计期间产生反转。也就是说，随着时间的推移，成本粘性水平会有所下降，甚至会出现“反粘性”现象。

Anderson 等（2003）在提出成本粘性的同时，对成本粘性进行了更深层次的研究。他们发现，如果将研究期间延长，在企业成本粘性产生的后续期间，成本粘性会发生反转。

通过以上文献可以看出，成本粘性是客观存在且非常普遍的现象。企业生产运营状况下滑是导致成本粘性出现的基础条件。假如某个企业生产运营保持不变，那么必然不会出现成本粘性。但是事实上，企业在不同的发展阶段会同时受到很多内外部因素的影响，销售收入下降、生产力不足等都是难以避免的，从而导致成本粘性普遍性这一特征；与此同时，不同部门、行业、地区和国度的成本粘性因各自的特征不同而存在异质性；另外，成本粘性也是动态的，在后期会计期间产生反转。随着时间的推移，成本粘性水平会有所下降，甚至会出现“反粘性”现象。

2. 成本粘性的具体特征分为微观、中观和宏观三个层面

（1）成本粘性在微观层面的特征主要包括：成本差异形成的粘性、业务量变动程度差异下的成本粘性、时间跨度差异下的成本粘性、成本粘性的周期性、成本粘性的企业特点。国内外关于成本粘性微观层面特征的研究有很多，下文我们将回顾学者的代表性研究。

1）企业不同成本构成的粘性。很多学者在参考 ABJ 研究方法的前提下，对成本的粘性继续进行研究，还有一些学者运用 ABJ 采用的研究法，对诸多类型成本粘性呈现的特点进行了论证研究。为实现财务目标，企业高管对成本类型予以划分时，其对成本会形成主观层面上的分类，例如，在对成本和销售成本进行归类时，许多企业会设下相同的“骗局”，把成本列入销售成

本里。

Subramaniam 和 Weidenmier（2003）对这两项成本及其总和成本粘性进行了深入研究，结果表明，这两项成本无论是独立核算还是总计核算，均表现出了明显的粘性特点。

Anderson 等（2005）对美国西南航空各类成本粘性的具体表现进行了深入研究，发现该企业销售成本粘性非常明显，然而薪酬成本粘性表现较弱。

Banker 和 Chen（2006）以及 Calleja 等（2006）的实证结果表明，各个国家各类企业的总经营成本均存在一定的成本粘性。

Balakrishnan 和 Gruca（2008）围绕着加拿大安大略省立医院做了研究，根据各个部门与医院整体竞争实力的重要程度，将医院内部各大部门划分为两种类型：一是具备竞争能力的部门，如患者治疗部门；二是辅助性部门，如后勤部、行政部。基于此，他们对医院各个部门运作成本粘性表现进行了深入研究。结论显示，医院中具备竞争实力的部门，其成本粘性表现相当显著。他们认为造成这种现象的主要原因是具备竞争实力的部门与辅助性部门对比，所拥有的资源的调节成本要多得多。之后，Balakrishnan 和 Soderstrom 围绕着加利福尼亚一个疗养院进行研究，最终获得的结果与 Balakrishnan 和 Gruca 所得出的结果基本统一。然而，这两篇文献只是对这类与医院类似的非营利性机构的成本粘性进行了研究，并未关注到营利性机构内部成本粘性问题，这有可能和营利性机构内部各个部门成本数据获得难度有关。

2）企业业务量变化程度不同下的成本粘性。ABJ 和许多学者都认为，企业成本粘性水平依附于高管对本期业务量下降程度与持续性所做的预测。如果高管预计本期业务量降低并非持续性，必然会维持原有的生产能力，不会立刻削弱生产能力。另外，高管对本期业务量下降程度与持续性进行预测的根据是业务量变动程度。通过对变化程度较大的业务量和变化程度较小的业务量进行对比，高管能够加快对成本架构做出调节。

Subramaniam 和 Weidenmier（2003）从变化幅度为 0 着手，将每相隔 5% 作为一档，把业务量变化幅度划分成 6 档进行分析。结论表明，如果销售量降低程度较小，那么不会出现明显的成本粘性表现，高管会维持目前的成本状况，只有在需求量严重下滑并且确定是连续性时，高管才会改变目前的成本状况；如果销售量降低幅度超过 10%，那么销售成本粘性必然会表现得相当显著。

Calleja 等（2006）研究发现，如果业务量降低幅度超过 10%，那么成本粘性水平必然会表现得不显著。这一研究结果表明，即使业务量变化幅度很小，也会出现成本粘性。

孔玉生等（2007）围绕我国 2001~2015 年在 A 股上市的企业进行研究，以证实销售成本存在的粘性表现。结论显示，业务量变动幅度对成本粘性产生的影响非常明显，将 5%作为分割线，将业务量降低程度划分为低于 20%和高于 20%两类。如果业务量降低幅度较小，那么会出现成本粘性；如果业务量降低幅度较大，且呈现出持续性状态时，那么企业成本粘性水平必然会显著下降。

3）企业不同时间跨度下的成本粘性。Anderson 等（2003）通过理论剖析指出，单期成本粘性可以反映出企业由于商品或服务需求下降所形成的成本过剩情况。然而，如果将观察时间增加至 2 年以上，且需求降低的方向更加显著，那么在均衡调整过剩成本所要承担的成本以及维持过剩资源所要承担的成本时，必然会更为理性。因此，随着观察期的延长，业务量需求下降的形成原因等信息必然会增加，这样更有利于调节成本，使之更为合理，削弱成本粘性表现。

Calleja 等（2006）将成本粘性模型观察期增加至 2 年。研究结果显示，美、英、法等国的上市企业销售成本粘性水平相对来说非常低，而德国国有企业销售成本粘性水平下降幅度却不明显。Hay 等通过大量数据证实，新西兰上市企业审计成本粘性水平随着观察期的延长出现了降低。

孙铮和刘浩（2004）认为，随着时间的推移，经济发展前景会越发广阔，成本变动和业务量变动会逐渐趋于一致。所以，成本粘性水平会随着观察期的延长有所下降。

孔玉生等（2007）围绕我国 2001~2005 年 A 股上市企业进行研究，检测了时间间隔一年、两年、四年所对应的成本粘性。结果表明，销售成本粘性随着时间间隔的延长出现了明显的下降。

刘彦文和王玉刚（2009）围绕我国 1994~2004 年深圳与上海两个城市 234 个上市企业进行了研究。结论显示，家电行业成本粘性会随着时间间隔的增加有所削弱、石油化工行业成本粘性随着时间间隔的增加变动不够明显，除此之外，剩余行业成本粘性都随着时间间隔的增加显著加强。如果时间间隔较长，那么成本粘性会更强，这从侧面反映出中国企业成本管理能力低下的现实。

整体而言，随着时间的推移，不同国家、不同行业的成本粘性水平下降表现会更加明显。

4）企业成本粘性的周期性。除企业特点类要素会造成业务量需求降低外，宏观经济局势同样会对业务量需求降低产生一定影响。如果宏观经济局势非常稳定，那么高管会坚信需求量降低只是暂时的；在宏观经济局势较好的状况下，无论是保持现有生产能力或做出调整，还是保持对高级技工提供较高的薪酬待遇，均会潜移默化地提升成本粘性水平。

Calleja 等（2006）把样本数据的研究窗口划分为两大经济高速发展期（1988~1993 年和 1994~1999 年）和一个经济低速发展期（2000~2004 年），对各个国家企业的数据进行整合。结果显示，在宏观经济发展速度较快的时期，成本粘性水平会相应较高。

He 等深入研究了 20 世纪 90 年代初期经济泡沫破裂之前与之后，日本企业成本粘性水平变动状况。日本经济泡沫破裂之后，企业高管压力与日俱增，不但迅速减少了过剩成本，还增加了对外采购，临时工的使用变得灵活起来，与 1992 年之前相比，1992 年之后日本企业的成本粘性水平明显下降。

孙铮和刘浩（2004）围绕我国 1995 年完成上市的 292 个企业进行了研究，时间跨度为 1994~2001 年。结果显示，宏观经济局势明朗时，高管在机会主义的驱使下，会对预测过度乐观，进而导致成本粘性水平提高；当经济不乐观时，成本往往不会被削减，进而也会产生成本粘性。

5）企业成本粘性的自身特征。劳动密集度、资本密集度等企业自身特征要素同样也会对成本调节构成一定的影响，进而对企业成本粘性水平造成影响。

Anderson 等（2003）指出，对成本调节产生影响的要素有两个：一是资本密集度；二是劳动密集度。因为企业规模削弱最为明显的表现为资产减少，所以资本密集度对成本调节的影响非常明显。劳动密集度对成本调节同样存在影响。

Subramaniam 和 Weidenmier（2003）、Chen 等（2011）均选取了相应的样本数据做了大量研究。结论显示，资本密集度会对成本粘性水平产生一定的影响，然而就劳动密集度对成本粘性水平产生的影响，学者们并未达成统一意见。

Calleja 等（2006）不仅对劳动密集度、资本密集度等企业特点对成本粘性产生的影响进行了深入研究，而且选取了负债率、营运资本率等指标，研究了其对成本粘性产生的影响。

孔玉生等（2007）利用我国 2001~2005 年上市企业的财务数据研究发现，我国上市企业普遍存在成本粘性；企业的生存时间越长，成本粘性就越低；企业成本粘性与业务量的变化幅度有关，随着收入的大幅下降，成本粘性变小；不同行业和企业属性也会影响成本粘性，其中资本密集型和劳动密集型企业成本粘性比较高。

刘彦文和王玉刚（2009）围绕 1994~2004 年深圳和上海两个城市 234 个上市企业进行了研究。结论显示：资本密集度、经济的增长和历史成本这三大要素对上市企业成本粘性存在影响，而且这三个因素对成本粘性水平产生的影响会随着时间的推移越来越明显，但其对各行各业成本粘性水平产生的影响却表现出明显的差异。

江伟等（2015）利用中国工业数据库，分析了融资约束对企业成本粘性的影响，发现企业融资约束越强，成本粘性越弱。

周兵等（2016）基于 2000~2014 年我国上市公司数据，分析了企业对成本粘性的作用，他们发现：企业采用不同竞争战略对成本粘性的影响不同；管理层的不同预期对成本粘性的影响也不同。

通过以上文献可以看出，国内外学者从成本差异形成、业务量变动程度差异、时间跨度差异、成本粘性的周期性、不同的企业特征等微观层面视角研究了成本粘性微观层面的特征，为进一步研究成本粘性奠定了基础。

（2）成本粘性的中观层面特征是指行业特点与区域差别、实际控股者差别等对企业成本粘性水平产生的影响。其一，成本粘性在各行各业存在着显著的差别；其二，竞争密度、固定与变动成本比重、商品销售环境、供应链架构等行业特点对成本粘性水平的影响相当明显。例如，制造业的发展离不开很多工厂与机器设施，所以会存在很高的固定成本，如果想调节成本，必然难度较大。但房地产行业的员工、机器设备等依附于外包，因此可以根据市场发展状况随时调整。

Subramaniam 和 Weidenmier（2003）深入研究了一些行业的成本粘性。他们发现，制造业成本粘性水平居首位，服务业和商业位居其次，金融业不产生任何成本粘性。然而，Porporato 和 Werbin 以南美洲和加拿大的一些银行作为样本进行研究，得出了相反的结论：金融行业产生一定的成本粘性。

Anderson 等（2003）将服务业划分成九大行业。研究结果显示，行业性质对成本粘性存在显著影响，且这种影响表现出明显的差别。零售行业基本上不产生成本粘性，娱乐行业成本粘性非常强。此外，He 等研究发现，日本服务业与商业制造业等行业成本粘性非常明显。

国外的研究大多以欧美成熟资本市场为依据，我国作为转型国家，上市企业具有独特的制度背景和个体特征。刘武基于 1998~2005 年在 A 股完成上市的企业进行了实证研究。结论显示，制造业成本粘性最显著，高新技术行业成本粘性并不明显，房地产行业、零售行业与电煤水供给行业不产生成本粘性。因此，总体来说中国成本粘性在行业方面表现出了明显的差别。

陈灿平围绕我国 1998~2005 年上海与深圳 A 股上市企业中的制造业企业进行了深入研究，依据经济生态区域差别（对外开放程度、经济发展程度等指标）将样本数据划分为三类，依次是东部区域、中部区域、西部区域，研究得出成本粘性和企业所处区域的对外开放程度以及市场发展程度具有密不可分的关系。开放程度较强、经济发展程度较高的区域，企业成本粘性强度会较小。

曹晓雪、于长春和周泽将（2009）围绕 2006 年隶属国资委的 129 个上市企业做了研究。在控股者统一的前提下，他们分析了央企绩效评估机制对成本粘性的影响。结论表明，真实控股者是国资委的央企产生成本粘性，并且各个行业成本粘性并未表现出明显的差异。这是由于央企无论归属何种行业，均采用了统一的绩效评估机制，再加上“考评指标导向”形成的影响，企业成本管理能力基本一致。

龚启辉、刘慧龙和申慧慧（2010）围绕我国 1998~2006 年 A 股上市企业进行了深入研究，证实了区域市场发展程度对销售成本和管理成本粘性产生一定的影响。结论显示，区域市场发展水平能够降低成本粘性水平，即企业所处区域市场发展程度较高，成本粘性会较小。

万寿义和徐圣男（2012）将 2004~2010 年上海、深圳 A 股上市企业作为研究对象，在了解真实控股者的属性（国有上市企业与非国有上市企业）的前提下，对我国上市企业成本粘性的特点和影响要素进行了深入研究。结论表明，国有上市企业成本粘性水平比非国有上市企业明显高得多。金融危机之后，上市企业成本粘性水平明显提高，特别是非国有上市企业。伴随资本密集度的进一步提升，上市企业成本粘性水平明显加强。

刘媛媛和刘斌（2014）在我国《劳动合同法》推行的背景下，利用我国上市企业 2004~2011 年的财务数据测算了人工成本粘性的变化，并进一步分析了企业用机器设备替代人工的应对措施。通过实证研究，得出了《劳动合同法》的推行加剧了企业的人工成本粘性，以及相对于国有企业，民营企业实施《劳动合同法》会对人工成本粘性产生更大影响的经验证据。

步丹璐和文彩虹（2016）基于 Basu（1997）的模型，通过实证研究得到了成本粘性因素的确会混淆盈余稳健性的估计结果，获取了控制成本粘性的相关变量可以增加盈余稳健性度量准确性的经验证据。

刘慧龙等（2017）将我国 2003~2014 年上市企业的财务数据作为样本，检验了在金字塔集团不同层级企业的成本粘性差异及形成原因。通过实证研究，得到了企业距离最终控制人的层级数越多，成本粘性程度越高的经验证据。并进一步区分了不同企业的融资约束、高管持有股份和股权集中对成本粘性的影响，研究表明此关系在融资约束程度较低、管理层不持有公司股份、股权集中度较低时更加明显，此关系在公司收入持续下降时无显著变化。

在国内外学者研究成本粘性微观层面特征的基础上，不少学者从中观层面研究行业特点与区域差别、实际控股者差别等对企业成本粘性的影响。研究结果表明，我国的上市企业与国外上市企业类似，成本也普遍存在粘性特征，但是，在不同行业、不同地区，这些因素对成本粘性产生的影响表现出明显的异质性。

（3）成本粘性宏观层面的特点包括两点：其一，资本密集度与劳动密集度对成本调节存在影响的企业特点，在各个国家之间表现出显著的差异；其二，各个国家将来经济发展方向以及对高管预期形成的影响、法律系统与监督制度等层面，同样表现出明显的差距。

De Medeiros 和 De Souza Costa 对巴西上市企业成本粘性进行了深入研究。结论显示，巴西企业成本粘性水平和 Anderson 等（2003）研究获得的美国企业成本粘性水平相比，明显偏高。

Calleja 等（2006）由英国、德国、美国、法国等国家入手，对其成本粘性表现出的差别进行了实证研究。他们认为，与美、英两国相比，法国与德国的企业成本粘性水平较高，主要原因是这些国家不同的企业治理系统对高管成本管理行为造成了影响，从而导致各国家成本粘性形成原因与粘性水平不尽相同。

Banker 和 Chen（2006）对 19 个经合组织内部成员国进行了深入研究，以期证实不同国家成本粘性的差别。结论显示，维持成本粘性企业要素固定的前提下，由于国与国之间劳动力市场特点相差悬殊，各个国家成本粘性水平呈现出明显的差别。如果某个国家工会组织谈判水平较高，那么最终其成本粘性水平会得到提升。另外，严苛的劳动保障法和水平较低的失业救助金同样会提升成本粘性水平。

Kajiwara 和 Yasukata 针对日本企业成本粘性情况做了深入研究。结论显示，日本代理问题非常少，随着国家对高管的监管越来越严苛，成本粘性水平有所下滑，而家族式管理模式以及职员终身聘请制的存在，在某种程度上又导致成本粘性水平明显提升。

Banker 等（2011）将 19 个经合组织内部成员国劳动保障法严苛程度视作劳动力调节成本对应的代理变量展开研究，结果证实每个国家的调节成本会对成本粘性产生一定影响。结论显示，劳动保障法较严苛的国家，其成本粘性水平会相应较高，而发展中国家与发达国家的上市企业均呈现出明显的成本粘性。

在国内外学者研究成本粘性微观层面和中观层面特征的基础上，一些学者从宏观层面研究了资本密集度与劳动密集度对成本调节存在影响的企业特点在各个国家之间表现出的显著性，以及各个国家将来经济发展方向和对高管预期形成的影响、法律系统与监督制度等对企业成本粘性的影响。研究结果表明，成本粘性是包括中国国有企业在内的全球范围内普遍的现象，各个国家之间的差别对企业成本粘性形成的影响较大。

## 小结

通过对文献进行回顾可以看出，国内外对于成本粘性问题的研究已经取得了丰硕的成果，但以往文献关于成本粘性的研究主要是从经济因素（如资本密集度和未来需求的不确定性）等视角来解释成本粘性，在很大程度上忽视了高管货币薪酬激励对于企业成本粘性所产生的影响，存在实证研究缺乏、视角单一、影响机制剖析不深入等不足，具体来说：没有深入研究高管货币薪酬激励对成本粘性的影响；没有揭示高管货币薪酬激励对成本粘性的作用机制，更没有考察货币薪酬水平、差距和比重对成本粘性的影响机理；没有进一步细分不同产权性质、不同高管任期、不同透明度的企业高管货币薪酬对成本粘性的影响效果。

这三个方面的缺陷，也正是本书的研究方向：一是研究高管货币薪酬激励对成本粘性的影响；二是揭示高管货币薪酬激励对成本粘性的作用机制，进一步考察货币薪酬水平、差距和比重对成本粘性的影响机理；三是分样本实证检验与分析不同产权性质、不同高管任期、不同透明度的企业高管货币薪酬对成本粘性的影响效果。

在当前供给侧结构性改革和深化国有企业改革的背景下，研究成本粘性问题具有重要的理论价值和现实意义。在中国，高管货币薪酬激励是否会影响上市企业成本粘性呢？又是如何影响成本粘性的呢？这不仅仅是实证检验的问题，更是一个个需要厘清的现实问题。因此，本书探讨的话题不仅有助于弥补这一研究领域的空白，而且还会对促进成本管理会计和财务会计、企业治理等不同研究领域的融合产生重要作用。具体地，本书的研究有助于将成本粘性的研究与企业高管行为的研究紧密结合起来，从而将成本粘性这一管理会计研究课题与企业高管行为这一重要财务会计课题相整合。

# 第三章

# 基础理论

第二章从三方面综述现有的文献：一是关于成本存在粘性特征的研究，这主要是成本理论在本书的应用；二是关于委托代理理论与成本粘性的研究，这主要是委托代理理论在本书的应用；三是关于激励理论与成本粘性的研究，这主要是激励理论在本书的应用。本章在前文回顾现有文献的基础上，对委托代理理论、激励理论和成本理论进行了介绍，并分析了相关理论和本书内容的联系，为下文提出假设做好理论铺垫。

## 第一节　委托代理理论

本章研究高管货币薪酬激励对成本粘性的影响，通过回顾委托代理理论，为本章研究高管（代理人）行为和决策对成本粘性产生的影响提供理论依据。

### 一、理论内容

1. 委托代理理论

在20世纪30年代，企业运营发展的模式与现今有极大的区别，其所有人同时兼任经营者的情况相当普遍。随着研究的深入，这一模式所带来的弊端也被不断地剖析，针对这一情况，伯利与米恩斯提出，将两者之间的权利进行分离是一种对于企业而言更为合适的方式，委托代理理论也由此萌芽。

对于委托代理产生的原因，詹森和麦克林（1976）对其进行了分析，并提出了其中最重要的两点影响因素：其一，社会的变革带来了巨大的变数，同时分工的进一步细化也对每个人的精力产生了巨大的牵扯，在这一背景下，将所有权集中于一人或几人身上无疑是不合时宜的做法，过去传统的模式已不再能适应现今的发展需求，故而有了委托代理理论的提出及实施。其二，社会的进步同时也是个人能力、整体知识水平的一次提升，高素质人才应运而生，更多的人开始具备管理经营的能力，甚至从专业的角度出发，其所运用的管理手段更优于企业的所有者，在这一情况下，让专业人员做专业的事，以期达到资金等各项权益收入的最大，进而选择委托代理的方式也就不难理解了。

委托代理最初主要是为了使企业更好地发展而提出的一种行之有效的解决方式，即所有者将企业的经营权利交托给专业的人才，而自身保留所有权。这一方式是现代企业运营中重要的理论参考之一，同时也是企业所有者与经营者双方之间达成的一种默契。

对于企业所有者而言，从资本的角度出发，其站在优势的立场之上，是企业内部相应制度的制定者；而对于相应的管理者而言，其作为受雇方，在对公司进行经营管理时，与前者相比，立场跟角度都有所不同，由于信息的不对称及利益中夹杂着矛盾，两者之间如何就利益、矛盾、薪酬激励等问题达到一种平衡状态，是委托代理理论所需研究的最核心任务。

由于每个人的角度、高度不同，受种种因素的影响，其所接受到的信息也具有极大的差异，我们通常将其视为非对称信息，而委托代理理论便是基于此形成的。对于不对称信息，通常而言，可以通过它出现的时间或相关的内容对其加以区分。从时间的角度来说，不对称信息的产生可以以具体某一件事的前后为分界线，细分为事前和事后不对称，同时设置不同的研究模型；从内容的层面来说，其主要的区别在于对于具体发生的事不同人的反应方式不同，可以据此进行研究，并建立相应的模型。

在经济学的范畴中，契约是必不可少的内容，从契约精神到契约内容，每一点都与参与者息息相关，而委托代理理论便作为其核心而存在。为何委托代理理论在经济学契约理论中会占据如此重要的地位？委托代理的特殊性质为其奠定了相应的地位。顾名思义，在具体的操作实施中，委托代理主要是指通过委托的方式将某一事物或权利由一方交托到另一方手中；在一般的情形下，这主要发生在企业中。企业所有者从公司未来的发展或其他因素的角度考虑，决定聘用更为专业的人才为其服务；在此过程中，前者将自身对于某一事物的权利进行分割，并将其中一部分权利赋予到受聘者手中，同时，根据对方在管理服务的过程中所产生的价值及品质，给予其相应的报酬；后者则以自身的能力为价码，为前者提供相应的服务，双方之间是一种委托与代理的关系。

我们可以发现，所有的供求关系实际是建立在专业之上的，对于前者而言，其提出了自己的需求，其所需要的不外乎是企业未来更好的发展，对于后者而言，其所需要的除了自我价值的实现便是酬劳的获取。而在这两者的诉求之间，“专业化”是维系双方关系最有利的纽带，它对于前者而言是一种可以放心托付的保证，是实现其目标的一种潜在承诺；对于后者而言，这是其赖以谋生的依仗，是其能力的体现，也是其自身价值得以实现的基础。

就委托者和代理者双方的关系而言，双方之间虽然有契约来维持平衡，但是两者之间的关系并不是一成不变的，由于企业的发展或其他各种因素的产生，双方之间的矛盾也会随着时间的推移而进一步加深。对于委托者而言，其利益的最大化便是企业发展的极致，而这必然会需要后者从企业发展的角度出发，在自身的空闲时间、娱乐等多方面做出让步；而对于代理者而言，其核心诉求更多的是对于薪酬、娱乐等方面的需求；两者立场的不同也决定了双方看待问题角度的差异，这一矛盾在企业发展初期往往并不明显，然而随着企业的发展或时间的推移，在缺少有效管控机制的情况下，两者之间的矛盾必然会达到不可调和的地步，进而影响到双方的权益。

目前，委托代理关系已经普及到社会中的方方面面，大到一家上市公司的经营管理，小到一家便利店的日常运营；这一关系早已不限于固定的行业之中，而作为常态存在于我们日常生活中。当然，从相关的理论到生活中的实际观察，我们都可以发现这一现象，即委托人与代理人之间并非总是利益一致的。倘若我们做出信息对称的假设，那么在这一情景下，后者的行为可以为前者所观察，并能对此有针对性地进行奖惩；然而，在实际的情景中却往往并非如此，大多数情况下信息的对称仅存在于我们的假设之中，更多的是双方之间不对称的信息条件；前者无法观测后者在经营过程中的举动，进而导致无法对后者拥有百分百的信任，仅仅依靠日常相关变量的观测，无法对后者起到约束作用。

就委托方而言，相关理论指出，其可以通过莫里斯—霍姆斯特姆条件对代理方进行观察检测，并根据相应的观察变量进行分析，由此得出代理人在工作中是否存在偷懒的行为，进而就此采取相应的应对措施。这一方式的提出在一定程度上对委托代理双方的关系进行了管理，但这一条件并不是绝对正确的，随着模型的不断复杂化，其他指标因素的增添也必不可少，如统计中著名的单调似然率概念便是这一模式成立的前提条件。只有当这一概念对产出是单调的时候，委托方对于代理方的观测结果才有成立的可能，造成这一现象的原因之一是，代理人作为一个复杂的个体，其行为也并非总是一成不变的。

2. 委托代理理论对企业管理的影响

前文已有所提及，委托代理主要是契约关系的一种，是委托方与代理方之间一种权利的交割和一种服务的承诺。对于企业而言，高层管理者对于企业成本的处置会直接影响企业的发展，对于这一层面的分析，我们通常分为两种情况：一是高层自身拥有企业资源，在这一条件下，由于其权益的特殊性，高管与公司之间的利益已站到了统一战线之上，故对于其而言最优的选择便是能够与公司保持一致，为企业的未来发展不遗余力。二是高层通过股票的方式吸纳更多的资金，在这一条件下，由于其行为的复杂性，此刻有了更多的人入场，这也意味着可以对企业提出决策、产生影响的人进一步增多，投机的心理也必不可免地会混杂其间，企业自身未来发展所受到的关注度将极大地减少。

那么，以负债形式替代股票对资本进行吸纳会怎么样呢？答案是与发售股票之间并无太过显著的差别，除了具体操作的手段有所差异外，其同样会引发一系列的问题，进而使相关的代理成本上升，这主要体现在以下三个方面：

第一，监管所造成的成本上升。在工作中，对于受雇方而言，其工作更多的是以计时的方式衡量，这难免会对其效率产生影响，严重者甚至会对公司发展造成巨大的阻碍，故而针对这一情况，监管是一种较为有效的方式，人都有舒适区，但在他人的监管下，基于心理因素必然会产生一系列的应对反应，这便能反馈到工作中来，加速工作的推进；但同时，由于人员的增加以及相应事务的实施，成本的上升也是难以避免的结果。

第二，守约产生的成本加剧。这一点主要是针对代理者而言的。对于委托方来说，其在选择代理人之后主要需做的工作不外乎薪酬给予、权利分割及监督管理；然而对于代理者而言，这一契约的达成，更多的是对其的一种约束，它不仅仅是雇佣条款的条例，同时更是对自我的一种控制，出于敬业或获取委托者信赖的角度，代理者通常在前期会采取自我制约的方式，如相关运营数据的通报、自身行为的规范等，而这也会造成成本的上升。

第三，剩余亏损。这一部分的内容主要存在于委托方和代理方之间，在现实的环境下，由于所处的立场不同，两者认知角度乃至做事的出发点都会存在一定的差异，由此而产生的亏损不在少数。

委托者和代理者之间并非总是互相信赖的关系，而是夹杂着种种因素，在实际的企业管理中，相关理论总是认为后者比前者掌握了更多的信息，同时前者由于已将经营权分割，对于后者的实际决策并非总是认可且支持的，故而有了相应的监督制度。在一个成熟的市场环境中，其规则也必然是完善的，代理人作为一个受雇佣角色，必然也需遵守其中规则，一个被证明会损害企业利益的管理人，其信用评分必然会受到直接影响，而一个声望有瑕疵的经理人在市场上必然举步维艰。因此，为了防止这一现象，后者也往往有向前者证明自己的需要，同时出于防范风险的考虑，后者也常常会提出设立内部审计部门的需求，这是双方之间达到一种平衡的默契，但也进一步增大了企业的成本。通常，委托、代理双方会选择各自付出一定的代价作为签订契约所需要承担的成本，以确保两者之间具备一定的信任基础，在此之上实现最大化利益。

## 二、委托代理理论与研究内容的联系

公司治理机制是委托代理理论的应用，CEO 任期、企业治理、高管货币薪酬比重与激励都是公司治理机制的重要组成部分，对成本粘性都会产生重要影响，以下是对相关理论与文献的回顾。

1. CEO 任期与成本粘性

长期任职的 CEO 有更多的时间培育组织内的关联关系并积累权力，从而更有可能造成壕沟效应（Entrenchment Effect）。他们能够对董事会产生较高的控制权，通常会以自身利益为核心进行经营管理决策，从而有可能会损害股东利益。Berger、Ofek 和 Yermack（1997）将 CEO 任期作为高管防御能力的代理变量，并发现在控制影响杠杆的非管理因素之后，当 CEO 更根深蒂固时，企业拥有更低的杠杆水平。一般而言，高管有动机进行帝国构建，希望通过扩大企业规模来提高自己的威望和报酬，而长期任职的CEO在企业规模扩大时更有可能获得高报酬，从而其应该有更大的帝国构建动机。因此，随着任期的加长，高管的帝国构建动机将增加，这会产生更大的营业成本不对称问题。

高管期望在企业规模扩大后获得更高的威望和报酬，他们更有动机去进行帝国构建（Murphy，1985；Jensen & Murphy，1990）。具体来说，高管的帝国构建动机会随着其职业生涯中职位的提升而增加，对于即将退休或期望在短时间内离职的高管，帝国构建的预期收益将会留给其继任者而不是他们自己，这会减少其帝国构建行为的激励。与此一致，Dechow 和 Sloan（1991）发现，CEO在其任期的最后几年，R&D支出相对较少。因此，我们推测那些处于最后任期年限的CEO不太可能进行帝国构建，从而在必要时可能削减营业成本，使成本不对称程度降低。

2. 企业治理、高管货币薪酬比重与成本粘性

强大的企业治理机制可以减少代理问题，并限制高管以牺牲股东利益为代价来促进自身利益的动机（Shleifer & Vishny，1997）。大量的经验证据均支持企业治理机制在减少高管进行企业帝国构建或不愿意裁员等方面所体现的代理问题的有效性。例如，Titman 等（2004）研究发现，与高管的帝国构建行为一致，资本支出与后期收益之间存在负相关关系。但是，他们发现这种行为在敌意收购更为普遍时并不存在。Masulis 等（2007）研究发现，受更多反收购条款保护的高管更有可能沉迷于价值受损的收购。Gaspar 等（2005）研究发现，长期股东监督将会减少投标方高管的回旋余地，使并购方高管不得不参与可疑收购以提高高管的私有收益。Richardson（2006）研究发现，积极股东的存在降低了自由现金流的过度投资现象，强大的企业治理机制将阻止高管过度增加营业成本以应对需求增加，并激励高管削减营业成本的冗余资源以应对需求减少。

高管货币薪酬体系结构也影响成本粘性。更多的可变薪酬能引发更大的激励，并导致高管的帝国构建动机降低，但可变薪酬可能是高管从企业提取租金的一种方式（Hanlon，Rajgopal & Shevlin，2003）。而CEO薪酬对高管帝国构建行为的影响，可能与由业务成本驱动的其他类型行为有所不同。Kanni-ainen（2000）发现，在放松绝对风险规避和谨慎性偏爱的假设下，当期报酬

是固定收入时，高管的帝国构建动机较弱。而当高管总薪酬中固定收入的比重下降时，投资增加为高管提供了保护自身的手段，在不确定的情况下其过度投资的动机更大。

3. 小结与评述

本书主要研究高管货币薪酬激励对成本粘性的影响，基于委托代理理论，企业的经营权和所有权实现了分离，这就使企业的高管和股东之间必将存在利益的差异，再加上高管和股东之间本身存在严重的信息不对称问题，相较于企业的股东而言，高管所能掌握的企业信息更多，这往往会导致企业产生代理问题和逆向选择。在企业的收入下滑后，高管为了确保自身在职消费等隐性福利不受影响，就会产生过度投资的动机，为了掌握更多的个人消费资源，高管通常会投入更多的资源用于企业发展。与之相反的是，当高管的薪酬水平本身较高时，高管能够获得有效的激励，也会以更加饱满的热情投入工作，此时高管就会有效降低企业成本，进而提高企业经营业绩和自己的收入。如果组织能够设置科学合理的高管货币薪酬体系，那么就能够确保高管和股东利益的一致性，这进一步降低了产生成本粘性的可能性。

## 第二节　激励理论

本书研究高管货币薪酬激励对成本粘性的影响，通过回顾激励理论，为本书研究高管货币薪酬激励对成本粘性产生的影响奠定理论基础。

### 一、理论内容

自20世纪二三十年代之后，西方国家很多社会学家、心理专家、管理专家根据现代管理研究现状与成果，形成了许多激励理论。其中，比较经典的、有代表性的理论有需求层次理论、双因素激励理论、成就需求理论、期望理论、目标设置理论、公平理论、锦标赛理论等。

1. 需求层次理论

马斯洛提出的需求层次理论是研究企业激励问题时运用最为普遍的理论

之一，其将人的需要从低至高划分为生理需要、安全需要、社交需要、尊重需要与自我实现需要五种。

生理需要指的是人类对于食品、水源、大气、房屋等方面的需要。这种需要层级较低，人类在转移至层级更高的需要以前，会想方设法达到基本生理需要。高管应当了解到，假如职员依旧在为生理需要奔波劳累时，那么其最为关注的核心问题便是生存问题，而不是工作。但如果将满足职员的这种需要作为筹码来激励员工，那么员工必定会为获得薪酬而努力工作。因此，企业在对员工进行激励时，可以尝试通过提高薪酬、优化劳动环境、为员工提供足够的业余休闲时间、增加福利政策等形式鼓舞员工。

安全需要指的是人类对于生命健康安全、生活平稳、免受疾病困扰等方面的需要。对大部分职员来说，安全需要体现于工作平稳、拥有失业保险和医疗救助保险等方面。被安全需要牵制的员工在评价工作时，会将工作视为确保安全需要被满足的条件。假如高管认识到对职员而言安全需要非常关键，那么其必须在管理过程中尽力满足员工需求，为员工提供更高的薪酬福利、就业保证，确保职员不会面临失业问题。

社交需要包含对亲情、友情、爱情等方面的需要。在生理与安全需要获得实现之后，人类的社交需要便会表露出来，从而形成激励效用。假如员工的社交需要无法实现，那么必然会导致其工作效率下降，当社交需要变成最为重要的激励动力时，工作会被职员看作构建平稳和睦交际关系的渠道，可以为员工带来交际平台的工作必然会被员工所青睐。因此，高管如果意识到员工迫切希望实现社交需要，那么要对此保持赞扬和激励的态度，创造良好的交际环境、营造宽松的交往氛围，使员工全身心地投入工作。

尊重需要不但包含对个人价值与功成名就的感受，而且包含别人对个人的肯定和尊重。尊重需要非常强烈的个体，期待他人依据其实际形象作出评价，接受并认可其个人。因此高管在鼓舞职员时，应该关注其尊重需要的满足，可采用公开嘉奖与表彰等形式进行；在安排工作时，可着重指出工作的复杂程度、艰难程度与做好工作必须具备的技巧及能力。

自我实现需要旨在自我实现，发掘个人的潜力。做到自我实现的员工，更热衷于接受别人、肯定自己。这类员工处理问题能力极强，可以单独办事，独自做好各项工作，将个人的才干充分显露出来。关注这类需要的高管应当意识到，不管何种工作均需要创造力，创新不是高管所独享的，而是所有员工均希望获得的一项能力。

2. 双因素激励理论

美国著名科学家弗雷德里克·赫茨伯格（Fredrick Herzberg）最先对外提出“激励—保健因素理论”，也被叫作双因素理论。赫茨伯格提出的双因素理论和马斯洛提出的需求层次理论存在一些相同点。

双因素理论在某种程度上促使企业高管意识到了工作内容要素产生的重大作用，尤其是工作内容和员工满意感以及工作丰富化存在的关系，所以其具备不容小觑的价值。双因素理论给了我们启发：实现各类需要所引发的激励成效与结果不尽相同。物质需要被满足，这是必不可少的。缺少物质条件，会使人产生不满意感。但即便是满足了物质需要，其形成的影响通常也具有局限性，并不是持续的。如果想要刺激员工兴趣，不但需要重视物质条件与工作环境等一些外部要素，还要关注工作内容等内部要素，合理分工，重视对员工实施精神嘉奖和物质激励，为其提供必要的表扬，肯定其获得的工作成果，为员工创造良好的发展机遇。随着生存需求被满足，激励需求的作用逐渐凸显出来。

3. 成就需要理论

麦克利兰认为人类拥有多种需求，个人在工作过程中存在三项主要需求：成就需求、权力需求与亲和需求。

他认为，具备成就需求的员工会希望将工作做到完美无缺，珍惜时间，努力提升工作效率，以期能够获取巨大成就。个人的成就需求和其所在社会的经济、文化、政治发展程度息息相关，人类成就需求也受制于整个社会风气。麦克利兰指出，高成就需求者最为明显的特征是，迫切期待能够获得和工作业绩相关的、真实可靠的信息，进而明确个人是否获得了进步，其青睐于设置一些挑战性极大、能使人产生冒险精神的目标，不想只是单纯地依靠运气来获取成就，也不想挑战一些困难较小、难度较低的工作项目。高成就需求者乐观向上、积极进取，拥有很大的事业心，敢于冒险、志向远大、脚踏实地，大部分是现实主义者。

权力需求指的是制约他人的某种意愿与行为趋向。每个人对权力的渴求程度有所差别，权力需求非常强烈的人青睐于影响别人，对别人进行支配、发布号令，十分关注个人的社会地位与名声，青睐于一些竞争剧烈、可以彰显出社会地位的场所，也非常热衷于追求最佳的名次、成绩等。但这类人如此做的原因并不是像高成就需求者那样希望可以获得成功感和满足感，而更多的是为了得到较高的社会地位、拥有权力。总体来说，权力需求是走向成功的一大关键影响要素。

亲和需求指的是希望被别人喜欢与认可的心愿。这类人迫切希望收获友情，热衷于参与合作，厌恶竞争，青睐宽松的工作氛围，喜欢和同事交流和沟通，希望相互尊重、相互理解。因此，这一群体对工作当中的人际关系相当敏感，亲和需求同样体现于对丢失一些至亲关系的惶恐，以及对交往矛盾的规避。亲和需求是维持和睦人际交往关系的基础要件。

在深入调研与研究的前提下，麦克利兰针对成就需求和工作绩效存在的关系做出了推测。首先，高成就需求者青睐一些可以单独担责、能够获取精准信息、挑战性极强的工作氛围，希望在这一工作氛围里得到高强度的激励，麦克利兰通过调研得知，小企业的高管与企业单独负责管理某个部门的高管中的高成就需求者相比，通常会更快地获得成功。其次，大型企业里，高成就需求者并不一定是很好的管理人员，这是由于其通常仅仅对个人工作绩效保持很高的兴致，但不会对怎样影响他人来将工作完成给予过多的关注。再次，亲和需求和权力需求与管理成果之间存在密不可分的关系。麦克利兰通过调研得知，优质高管通常是权力需求非常高但亲和需求非常低的人群。假如某个大型企业的高管可以将权力需求和自我制约、工作责任感密切融合在一起，那么其获取成功的概率会相当高。最后，可通过对职员开展培训来满足其成就需求。假如某一工作离不开高成就需求者参与其中，那么高管可利用层层选拔人才的形式，寻找所需的高成就需求者，或者利用培训等形式，将下属培育成高成就需求者。

4. 期望理论

期望理论主要是从激励的层面出发强调激励效果对于提高人工作积极性的重要作用。设置激励目标时，组织必须以实现最大化价值为依托，拉开组织期望行为和非期望行为之间的差距，才能够产生效价差值。组织在激励个人的过程中，需要关注对个人进行心理疏导的重要性。当期望概率远远高于实际概率时，个人在工作中容易产生挫折感，也无法受到激励；当实际概率能够比个人期望概率更高时，还要保证实际概率和效价相适应。

5. 目标设置理论

1967 年，洛克和休斯提出了目标设定理论，他们为个体设定一个目标，这个目标会对其动机产生一定影响，这种影响就会促使人朝着某个方向不断努力，进而达到某个既定的目标。在人努力的过程当中，会对比分析既定目标和实际行为结果，当发现实际行为结果和既定目标之间存在较大的差异时，个人就会修正和调整自己的行为，使之能够达到既定目标。

洛克和莱瑟姆设计了一种个体目标设置与绩效的复杂模型。他们的模型中强调目标实质上是一种激励因素，人们在工作中会将期望目标和目前的绩效进行对比，当两者存在差异时，他们就会努力工作以求达到目标。但是如果人们所设置的期望目标和实际目标之间差距太大，此时人们无论如何努力工作都无法达到目标，那么就有可能会因此而放弃。因此，在设置目标时必须确保目标的合理性，只有这样才能在制定目标以后有效提高人们的绩效水平，使其不断努力工作从而达到所制定的目标。

6. 公平理论

1962 年，亚当斯提出了公平理论，该理论也被称为社会比较理论，是亚当斯在探讨薪酬分配合理性时所提出的一种激励理论。亚当斯认为，当组织能够保障薪酬分配的合理性和公平性时，就能够对员工的工作产生积极的效果。

公平理论中强调了报酬的绝对值和相对值，只有达到绝对值和相对值的平衡，才能够给个人的工作带来明显的激励效果。组织在选择激励方式时，尽管会因为主观判断的影响而导致等式存在一定误差，但是只要保证前后比值在客观上相等，就不会导致员工产生不公平或不合理的感觉。另外，在激励的过程中还应当进行心理疏导，帮助员工在工作中建立一个正确的公平观和公正观，员工必须清晰地认识到在组织中无法保持绝对的公平，按酬付劳是最容易破坏公平的，因此组织应当杜绝员工盲目攀比这一情况的出现。

7. 锦标赛理论

锦标赛理论属于激励理论的一种，是由 Rosen 和 Lazar 率先提出的。锦标赛理论是基于员工报酬水平随职位升高呈阶梯式跳跃的事实而提出的，这个事实是别的理论不能解释的。

## 二、激励理论与研究内容的联系

本书研究高管货币薪酬激励对成本粘性的影响，主要运用激励理论中的期望理论和目标设置理论，以下对期望理论和目标设置理论与成本粘性的关系进行理论回顾。

1. 期望理论与成本粘性的关系

一般而言，当销售额下滑时，高管不会轻易淘汰未经利用的资源，除非高管有意为之。由于未来需求是随机的，在决定是否削减成本时高管会评估销售额暂时下滑的可能性。销售额下滑时削减冗余成本可能产生下调成本的追加成本（如解雇员工成本），并在未来销售额回升时恢复这些成本（如重新聘用新员工成本）。销售额下滑时保留未利用成本，会导致成本降低幅度低于销售额上升相当数量时成本增加幅度，即成本粘性（Anderson et al.，2003）。ABJ 认为，除了考虑价值最大化之外，高管选择保留未利用成本也可能是由个人利益造成的。销售额下滑时加速削减冗余成本导致在实现盈余目标的激励因素下的成本下降比没有激励因素时的成本下降幅度更大。因此，我们认为在有实现盈余目标的激励高管措施的情况下，成本粘性会降低。

对于盈余目标，因为高管在销售额下滑时会加速削减成本，所以成本粘性程度下降。这种管理行为表现出一种代理成本形式，是在实现盈余目标的自私驱动下高管决定最大化个人效用而产生的。面对实现盈余目标的激励因素和销售额下滑时，高管可能会做出不利于冗余成本的决策，即使他们预期销售额下滑是暂时的。消除冗余资源可以及时节省成本，这是实现盈余目标的必要条件。

2. 目标设置理论与成本粘性的关系

为了实现与自身激励相关联的盈余目标，高管有动机采取措施，进而可能影响企业的成本结构。这一结果在进行多项稳健性测试后依然存在。面对满足盈余目标的激励因素，即使高管有乐观的需求预期，也预计会削减资源。实现盈余目标的激励因素导致高管有意调整成本，高管这些经过深思熟虑的决策会降低企业的成本粘性程度，而不是引起成本粘性。因此，在努力落实企业成本结构的决定因素时，应当充分关注高管的动机，尤其是基于成本调整决策的代理驱动的激励因素。

3. 小结与评述

本书研究高管货币薪酬激励对成本粘性产生的影响。基于激励理论，股东应建立科学的高管货币薪酬激励体系，以此激励高管的工作，减少股东利益和高管利益之间的冲突。当股东所设置的薪酬体系本身并不合理时，企业的高管通常会为了获得额外的货币薪酬而破坏股东的合法权益，这种情况就会导致企业收入下滑。当企业的收入下滑以后，高管为了确保自身在职消费等隐性福利不受影响，就会产生过度投资的动机，为了掌握更多的个人消费成本，高管通常会投入更多的成本用于企业发展。与之相反的是，当高管的薪酬水平本身较高时，高管能够获得有效的激励，也会以更加饱满的热情投入工作，此时高管就会有效降低企业成本，进而提高企业经营业绩和自己的收入。如果组织能够设置科学合理的高管货币薪酬体系，那么就能够确保高管和股东利益的一致性，这进一步降低了产生成本粘性的可能性。

# 第三节　成本理论

## 一、理论内容

本书研究高管货币薪酬激励对成本粘性的影响，成本理论是成本粘性的理论基础，主要包括成本管理理论、成本与收益理论以及交易成本理论。以下是对相关理论的回顾：

1. 成本管理理论

20 世纪中期以来，由于资本主义的迅速扩张，众多企业开始逐渐兴起。为了能够快速适应不断更新的环境，企业内部大范围地实行职能管理和行为科学管理，以此来提高企业的市场地位。在这个追求可持续发展的过程中，企业不得不寻找多元化的渠道来进行成本控制管理。因此，成本管理理论便诞生了。

为了能够最大限度地控制生产成本并且满足消费者对产品功能的需求，

企业在生产新产品时，试图以最低周期的成本替换产生同样功能但不同材料的成本。这便是美国通用电气公司工程师迈尔斯在第二次世界大战之后主张的价值工程理念。这个理念在充分发挥产品价值功能的前提下最大限度地降低了企业生产的成本，进一步发展了成本管理方法，被世界各国广泛采用。

通过在各个领域的不断实践，成本管理得到了人们的广泛认可并被普遍运用于生产技术选择、市场需求、建筑建设等各个领域与行业中。企业可以通过这个方法对项目投资总数进行预估，并对所需成本的范围进行控制，把成本管理的知识运用到经济发展中，真正做到成本管理的理论知识与各行各业的技术要素相结合，从而提高经济效益和降低成本。

从微观上来看，成本管理重点涵盖以下三部分内容：

首先是从技术和价值角度对产品生产前的准备工作加以控制，并且努力实现监管成本的最大效益化，包括产品的外形设计、产品的材料选择和制作设备等。

其次是对产品的整个生产过程进行计划性的成本管理。产品生产过程中主要包括原材料、工人和工费的支出，所以企业主要针对原材料的消耗、能源消耗、人力成本消耗以及制造费用消耗等方面来进行生产成本的有效控制。

最后是对产品销售环节进行计划性的成本管理，即企业为客人提供产品和销售服务的整个过程中成本的控制，包括产品推广费用、客户关系维护费用、运输费、业务费、职工薪酬等的成本管理。

20 世纪 90 年代之后，为了更好地适应激烈的竞争环境，传统的成本管理进一步进化成战略成本管理。这种成本管理和战略管理相结合的理念可以根据产品的不同特点来提出针对性的产品成本降低战略，是成本管理理论走向成熟的一个重要标志。

由于信息技术的快速发展和激烈的全球竞争，产业结构转型的步伐也开始加快。许多企业淘汰了最初的劳动密集型产业，逐渐向资本密集型和技术密集型产业转移。因此，企业的成本结构随着产业转型而变化，中间生产组成要素变得多元化，虽然直接劳动成本有所下降，但是制造费用等各项间接费用却大幅度上升。另外，当今社会产品更新换代非常快，产品使用期限又大大缩短，消费者的消费观念越来越理智，这些都迫使企业采用可持续发展的战略管理方法，更好地拓展经营、统筹兼顾。

因此，战略管理诞生的宗旨便是追求长期永久的竞争优势。顺应这样的宗旨理念，成本管理也经历了从传统式到战略式的深度转变。值得一提的是，战略成本管理并不只是单纯地降低成本，而是以企业本身的战略特点为基础，提出企业独有的降低成本的方式。

战略成本管理可以应用于各行各业，涵盖生产的各个环节，有效延长产品使用效益和经济效益，而且融经济和技术为一体。

战略成本管理由培养职工成本意识的思想，与企业战略相符的思想，成本的源流管理思想和成本管理方法措施的融入思想等基本思想组成。因此，战略成本管理着重从成本的本质解决问题，与企业的战略要求相符合且能够一直顺应企业的发展方向，各种要素相辅相成。只有真正地把战略成本管理的理论知识运用到各行各业的实际操作中，企业才能有效地提高经济效益。然而，成本的控制不仅需要企业管理层的推广，还需要企业上下所有员工都积极融入进来，使员工主动养成控制成本的习惯。另外，企业可以着手从成本的源头和日常开销支出更好地监管成本的控制。

2. 成本与收益理论

成本与收益理论是与市场经济相对应的成果。在企业管理中，经常出现企业拥有者由于各种原因而没有能力管理与执行公司中各项事务的情况，这时便需要聘请之外的执行管理人，在这个过程中，企业虽然能够正常运行，但是执行管理人却掌握了公司更多的机密，从而会给公司拥有者带来更大的损失。

3. 交易成本理论

科斯在《企业的性质》中主张交易成本理论，他认为市场上每一笔交易都是有成本的，市场上发生的每一笔交易的谈判和签约费用形成了市场的运行成本。市场的运行是需要交易成本的，在形成一个组织的前提下，准许企业来掌控这些成本，就可以达到节约市场运行成本的效果。

企业在与人谈判交易时，总是会花时间与精力来保障自己的最大利益，这些行为便是交易成本，通过这些交易成本企业可以迅速精准地取得有价值的市场信息。所以，交易成本主要由寻找交易对象，签订合同，执行交易，商讨交易和监管交易所需要的成本组成。

科斯假设企业是价格机制的替代品，把企业当作有效配置成本的一种途径。他认为，利用价格机制来配置成本的时候总是要签订各种各样的契约，这一系列的契约需要花费不少的成本费用，但是用企业这样的组织作为替代品有助于形成长期的契约，一系列的契约就被一个契约所代替。以企业招聘和职员应聘为例，若企业与员工签订了长期的雇佣合同，那么企业就可以省去频繁涉外招聘的成本而员工也可以省去不断面试的成本。所以，企业的存在就是为了降低配置资源的成本。

与德国历史学家和美国制度主义理论家所研究的经济制度不同的是，新制度经济学，亦被称为制度分析学派更加注重交易成本方面的经济研究；制度经济学把制度作为主要研究对象，以各行各业的经济生活为研究载体，分析两者之间的互相作用。经济制度的建立与实施都离不开政府和社会组织集团两方的协调，政府在经济制度的实施中起主导作用，社会组织集体起辅助作用，而集体中的协议往往涵盖了两个以上合作对象。

这种制度具有比较良好的约束力度，防止每个人都沉迷于机会主义，让整个交易过程得以顺利进行。所以，从这个角度来说，公共政策是可以用来遵守的制度。而且，依据各种不同特点的主体，公共政策知识不仅有助于在日常生活中建立不同的制度，还可以帮助经济学家充分提出更有经济效益的制度政策。从政治方面来讲，公共政策一般是按部就班地遵循特定的制度来推行的，制度与公共政策是相辅相成又互相制约的，政策可以直接转变和影响现有的制度。

交易成本理论对于公共政策能够产生重要的理论意义与实践意义。公共政策的实质是政策建立者和国民支持者之间的交易成本。精确地分析公共政策交易的过程有利于政策的顺利实施，从而达到最终的目标。

一般而言，为了促成商业活动交易成功而产生的相关成本统称为交易成本，但总体来说，交易成本还是可以大致分为如下几类：搜寻成本，即收集相关商品和交易对象的资料所付出的成本；信息成本，即获取交易对象信息和交易对象进行交易时的信息所付出的成本；议价成本，主要针对交易的契约、商品价格、商品质量以及进行交易时讨价还价所付出的成本；决策成本，进行商业交易时内部进行相关决策和签订相关契约所付出的成本；监督交易进行的成本，即在交易进行时，监督交易对象是否依照先前签订的条约进行交易所付出的成本，如产品监督、验收等；违约成本，即商业交易失败或者谈不拢时所需要付出的事后弥补成本。

除此之外，Williamson 又详细地将交易成本加以细分，分为交易事前和事后两个大类。事前交易成本大致包括谈判签约等相关的成本；而事后交易成本则指交易契约不能履行后所产生的成本；另外，讨价还价成本主要指交易双方为互相适应并试图满足双方需求或者解决双方纠纷而产生的相关成本。

## 二、成本理论与研究内容的联系

总体来说，成本理论就是科学运用经济学以及管理学相关的理论来解释交易时各种行为的一套方法论，是企业对成本进行预算和控制的科学理论，它源于市场的经济环境，并随着市场环境的改变而不断变化和发展。

基于成本理论，一个企业日常经营过程中的成本管理对于企业的绩效产生决定性作用。企业业务量变化和成本变化表现出明显的线性关联。企业业务量增加与下滑所造成的企业成本变动的方向与大小是完全对称的，但是 Anderson 等（2003）通过研究得知，一些成本具备明显粘性。这部分成本在企业业务量上涨时的增长幅度和降低时的缩减幅度相比，要明显大得多，并且表现出不对称性特征。Anderson 等（2003）通过实证研究发现：当营业收入增长 1 个百分点时，成本平均上涨 0.55 个百分点；当营业收入下降 1 个百分点时，成本平均下降 0.35 个百分点。结合中外学者对成本粘性的定义，本书中“成本粘性”是指销售收入上升时的成本上涨率高于销售收入降低时的成本下跌率的情况。

本书研究高管货币薪酬激励对成本粘性产生的影响，成本存在粘性特征的研究，是本书研究的前提和起点，也是本书研究企业高管行为的作用对象，具有重要的意义。

## 小结

本章在前文回顾现有文献的基础上，根据成本存在粘性特征的研究，委托代理理论与成本粘性关系的研究以及激励理论与成本粘性关系的研究，分别对委托代理理论、激励理论和成本理论进行了回顾，并分析了相关理论和本书内容的联系，为下文实证章节提出假设做好理论铺垫。

第四章

# 我国上市企业成本存在粘性特征的经验证据

## 第一节 引言

成本粘性概念的产生，如同其他事物的发现过程一样，并非一蹴而就，而是经历了十年之久的发展。20 世纪中期以来，为了能够快速适应不断更新的环境，企业内部大范围地实行职能管理和行为科学管理，以此来提高企业的市场地位。在这个追求可持续发展的过程中，企业不得不寻找多元化的渠道来进行成本控制管理。为了能够最大限度地控制生产成本并且满足消费者对产品功能的需求，企业在生产新产品时，试图以最低周期的成本替换产生同样功能但不同材料的成本，这便是美国通用电气公司工程师迈尔斯在第二次世界大战之后主张的价值工程理念。这个理念在充分发挥产品价值功能的前提下最大限度地降低了企业生产的成本，进一步发展了成本管理方法，被世界各国广泛采用。

通过在各个领域的不断实践，成本管理得到了人们的广泛认可并被普遍运用于生产技术选择、市场需求、建筑建设等各个领域与行业中。企业可以通过这个方法对项目投资总数进行预测，对所需成本的范围进行控制，把成本管理的知识运用到经济发展中，真正做到成本管理的理论知识与各行各业的技术要素相结合，从而提高经济效益和降低成本。

会计领域对于成本粘性的研究，在早期被称为“非对称性”，是在研究“期间费用”时发现的。Banker 等（1993）通过对美国航空行业的大量研究，指出航空企业成本增减虽然并未伴随收入增减而出现规律性的变化，但却和销售收入变化方向呈现出密不可分的关系。尽管 Banker 等并未针对这种现象做出正式的实证分析，但是企业成本与销售收入的密切关系却暗示了成本粘性的存在。Noreen 和 Soderstrom（1997）认为，管理费用对成本变化过程产生了一定粘性，这可能意味着成本和业务量并非线性变动关系，但是却一直并未发现成本粘性的确切证据。Cooper 和 Kaplan 指出，很多有关管理人员思考事物的假定被用于阐释成本粘性问题，成本粘性出现的基础条件为，不管管理人员是解除还是再次签署成本供给合约，均会出现一定成本。如果市场商品需求量骤减，管理人员仍然会保持原来的成本供给情况，而不是立刻做出有效行动，通过消耗资金来调整目前的成本费用。如此一来，会导致企业的财务报表出现这一状况：虽然企业收入降低，但是成本极有可能不会成比例降低。

"成本粘性"的概念是由 Anderson 等（2003）首次提出的。他们通过研究 1979~1998 年于美国完成上市的 7629 个样本的年度财务报告，验证了美国上市企业"普通管理费、销售费"在变动方向方面存在不对称性，即出现了成本粘性。

孙铮和刘浩（2004）利用相同的研究方法对国内上市公司的数据进行研究，也检验了国内上市企业营业成本、管理费用同样产生某种粘性行为。在对我国 1994~2001 年 292 家上市企业的数据做了详尽的分析后，得出了"成本粘性"现象在我国上市企业中同样存在这一结论，同时也打开了研究我国上市企业成本粘性问题的大门。通过研究 2001~2006 年中国 129 家中央企业的财务数据，曹晓雪、于长春和周泽将（2009）证实了我国中央上市企业成本粘性存在的事实，2003 年《中央企业负责人经营业绩考核暂行办法》的正式出台与实施在一定程度上减少了我国中央上市企业的成本粘性。

本章基于国泰安数据库的 2008~2016 年我国上市企业的面板数据，通过实证研究，得到了我国上市企业成本存在粘性特征的经验证据，获取了我国上市企业成本粘性存在的影响机制，为下文研究高管货币薪酬激励对成本粘性的影响奠定基础。

# 第二节　理论分析与研究假设

## 一、理论分析

基于成本理论，一个企业日常经营过程中的成本管理对于企业的绩效产生决定性作用。企业业务量变化和成本变化表现出明显的线性关联，企业业务量增加与下滑所造成的企业成本变动的方向与大小是完全对称的，但是Anderson等（2003）发现，一些成本具备明显粘性，这部分成本在企业业务量上涨时的增长幅度和降低时的缩减幅度相比，要明显大得多，并且表现出不对称的特征。他们通过实证检验了1979~1998年美国7629家上市企业的年度财务数据中销售成本、一般成本和管理费用相对于营业收入的变化，研究发现，营业收入每增加1%，这些成本会上升0.55%，营业收入每减少1%，这些成本会下降0.35%。根据上述分析检验，他们论证了在不同方向变化上的不对称性存在于上市企业的销售成本、一般成本和管理费用，验证了上市企业是存在成本粘性现象的。他们还阐述了成本粘性产生的可能的原因，即高管对销售预期的乐观态度使成本得以维持在一定标准之上，以此来保持未来的生产活动。除此之外，他们还更深入地证实了成本粘性的特性，他们认为，在营业收入持续减少的情况下，或是在成本粘性产生之后的年度中，成本粘性的程度会降低。另外，影响成本粘性的重要因素还有企业的资产收益率、员工人均销售收入和宏观的经济趋势。

自从成本粘性的概念提出之后，成本粘性便成为管理会计领域研究的热点，研究内容主要包括成本粘性的总体特征及其在微观、中观、宏观层面上的具体特征。企业存在成本粘性特征的组织结构如图4-1所示。

成本粘性的总体特征主要包括普遍性、差异性、反向性和反转性。普遍性是指成本粘性是客观存在且非常普遍的现象。企业生产运营状况下滑是导致成本粘性出现的基础条件。假如某个企业生产运营保持不变，那么必然不会出现成本粘性。但事实上，企业在不同的发展阶段，会同时受到很多内外

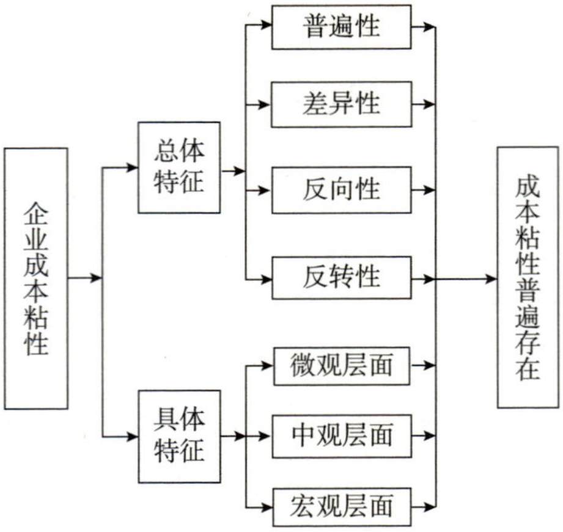


**图 4-1　企业存在成本粘性特征的组织结构**

部因素的影响，销售收入下降、生产力不足等都是难以避免的，从而导致成本粘性这一普遍性特征。差异性是指成本粘性程度存在部门差异、行业差异、地区差异、国度差异等。反向性指的是成本粘性和业务量的降低速度呈现出反比例关系。反转性指的是企业在生产运营时，成本粘性会在后期会计期间产生反转。也就是说，随着时间的推移，成本粘性水平会有所下降，甚至会出现“反粘性”现象。

成本粘性的微观层面特征是指成本差异形成的粘性、业务量变动程度差异下的成本粘性、时间跨度差异下的成本粘性、成本粘性的周期性、成本粘性的企业特点。

成本粘性的中观层面特征是指行业特点与区域差别、实际控股者差别等对企业成本粘性水平产生的影响。其一，成本粘性在各行各业存在着显著的差别；其二，竞争密度、固定与变动成本比重、商品销售环境、供应链架构等行业特点对成本粘性水平的影响相当明显。例如，制造业的发展离不开很多工厂与机器设备，所以会存在很高的固定成本，如果想调节成本，必然难度较大。但房地产行业的员工、机器设备等依附于外包，因此可以根据市场发展状况随时调整。总之，企业特点的各种组合在不同国家、不同行业对成本粘性产生的影响表现出明显的不同。

成本粘性的宏观层面特点包括两点：其一，资本密集度与劳动密集度对成本调节存在影响的企业特点，在各个国家之间表现出显著的差异；其二，各个国家将来经济发展方向以及对高管预期形成的影响、法律系统与监督制度等层面，同样表现出明显的差距。

## 二、研究假设

在国外研究成本粘性的基础上，孙铮和刘浩（2004）开启了我国关于成本粘性的研究，在研究分析了1994~2001年国内1995年12月31日前上市的292家企业的管理成本和营业成本之后，得出了成本粘性存在于我国上市企业这一结论，同时我国上市企业调整成本粘性的速度要比美国慢很多。而且他们假定“宏观经济增长”和企业的“资本密集度”也有可能会提高我国上市企业的成本粘性水平，检验之后证实了这两个因素均会影响成本粘性。在分析研究了我国2001~2005年A股927家上市企业的数据后，孔玉生、朱乃平和孔庆根（2007）认为，业务量的变化幅度会影响成本粘性的程度，收入水平大幅度下滑之后也会降低成本粘性程度。在我国东部、中部和西部地区的划分基础之上，陈灿平研究了成本粘性水平是否会受到经济生态地区差异的影响。他分析了沪深A股制造业的上市企业财务数据，认为在经济生态地区存在差异性的情况下，企业也存在不同的成本粘性程度，西部、中部和东部地区企业成本粘性水平依次减弱。通过对2001~2006年上市的中央企业数据进行分析，并对比了《中央企业负责人经营业绩考核暂行办法》（以下简称考核办法）实施前后企业的成本粘性水平，曹晓雪、于长春和周泽将（2009）认为，考核办法的出台在一定程度上降低了上述中央企业的成本粘性水平，从而证实了绩效评价制度对企业产生正向作用。在回顾分析了成本粘性的中外相关文献后，本书认为，大部分研究企业成本粘性的学者都注重分析成本粘性的产生原因和其存在性，并对影响成本粘性的因素进行实证检验，尽管很多学者都认为企业高管和实际控制人对成本粘性的产生有极大影响，但在针对性的分析检验方面还存在不足。现实的情况是，我国的市场化程度较低，国有企业所占比重很大，因此本书将分析验证企业实质控制人的不同是否会影响企业的成本粘性水平。

综上所述，本书提出假设1：我国上市企业成本普遍存在粘性特征。

# 第三节　研究设计与样本选取

## 一、模型设计

为了检验成本粘性的存在，本书借鉴了 Anderson 等（2003）采用的方法，设立如式（4-1）所示的模型：

$$\begin{aligned} Cost = & \beta_0 + \beta_1 \cdot Sale + \beta_2 \cdot Sale * D\_Dummy_{i,\ t} + \beta_3 \cdot Capint_{i,\ t} \\ & + \beta_4 \cdot labint_{i,\ t} + \beta_5 \cdot Ld_{i,\ t} + \beta_6 \cdot \Delta GDP_{i,\ t} \\ & + \sum Year + \sum Indy + \sum Area + \varepsilon \end{aligned} \tag{4-1}$$

$Cost=\ln\frac{cost_{i,t}}{cost_{i,t-1}}$表示连续两年成本的变化率，$Sale=\ln\frac{sale_{i,t}}{sale_{i,t-1}}$表示连续两年销售收入的变化率；$D_Dummy_{i,t}$是判断营业收入是否下降的虚拟变量，当 $D\_Dummy_{i,t}=0$ 时，表明第 $t$ 期企业的销售收入大于第 $t-1$ 期的销售收入，即收入上升；$D\_Dummy_{i,t}=1$ 时，表明第 $t$ 期企业的销售收入小于第 $t-1$ 期的销售收入，即收入下降；$\beta_1$表示营业收入上升时 *Cost* 的上升幅度；$\beta_1+\beta_2$表示营业收入下降时 *Cost* 的下降幅度；当$\beta_2<0$ 时，表示存在成本粘性。$Capint_{i,t}$代表资本密集度；$Labint_{i,t}$代表劳动密集度；$Ld_{i,t}$代表企业的负债水平；$\Delta GDP_{i,t}$代表 GDP 的增速；*Year* 代表时间变量；*Indy* 代表行业变量；*Area* 代表地区变量；$\varepsilon$ 则是指残差项。模型（4-1）主要关注交乘项 $Sale * D_Dummy_{i,t}$的系数$\beta_2$，如果$\beta_2$为负且显著，则证明销售收入下降时，成本变化率小于销售收入变化率，即成本粘性存在。具体变量含义和测算方法如表 4-1 所示。

**表 4-1　变量含义和测算方法**

| 变量 | 含义 | 测算方法 |
|---|---|---|
| *Cost* | 连续两年成本的变化率 | $Cost = \ln\frac{cost_{i,\ t}}{cost_{i,\ t-1}}$ |

续表

| 变量 | 含义 | 测算方法 |
|---|---|---|
| $Sale$ | 连续两年销售收入的变化率 | $Sale = \ln\frac{sale_{i,\ t}}{sale_{i,\ t-1}}$ |
| $D\_Dummy_{i,t}$ | 收入变动的虚拟变量 | 当 $D\_Dummy_{i,t}=0$ 时，表示第 $t$ 期企业的销售收入大于第 $t-1$期的销售收入，即收入上升；当 $D\_Dummy_{i,t}=1$ 时，表示第 $t$ 期企业的销售收入小于第 $t-1$ 期的销售收入，即收入下降 |
| $Capint_{i,t}$ | 资本密集度 | 固定资产净值除以企业职工人数 |
| $Labint_{i,t}$ | 劳动密集度 | 工业总产值除以企业职工人数 |
| $Ld_{i,t}$ | 负债水平 | 总负债除以总资产 |
| $\Delta GDP_{i,t}$ | GDP 的增速 | $(GDP_t-GDP_{t-1})/GDP_{t-1}$ |
| $Year$ | 时间变量 | 时间虚拟变量 |
| $Indy$ | 行业变量 | 行业虚拟变量 |
| $Area$ | 地区变量 | 省份虚拟变量 |

## 二、研究变量选择

1. 被解释变量

结合目前各类文献对成本粘性这一概念所做出的定义，在选择成本粘性变量时，主要采用成本等变量的变动。本书选择的被解释变量主要是销售成本与销管费用之和的变化幅度，即 $Cost = \ln\frac{cost_{i,\ t}}{cost_{i,\ t-1}}$。

2. 解释变量

本书的解释变量主要包括：

第一，连续两年销售收入的变化率 $Sale = \ln\frac{sale_{i,\ t}}{sale_{i,\ t-1}}$；

第二，交乘项 $Sale * D\_Dummy_{i,t}$，其系数 $\beta_2<0$ 时，表示存在成本粘性。

3. 控制变量

本书选取的控制变量包括：资本密集度 $Capint_{i,t}$；劳动密集度 $Labint_{i,t}$；

企业的负债水平 $Ld_{i,t}$；GDP 的增速$\Delta GDP_{i,t}$。

## 三、样本选取、数据来源和描述性统计

1. 样本选取与数据来源

本书选取国泰安数据库中我国 2008~2016 年沪深股市中上市企业的面板数据作为研究样本，并按照以下剔除标准对此期间段内的数据进行筛选：

（1）本书的样本期间为 2008~2016 年。由于我国于 2007 年开始实施新的会计准则和审计准则，新准则可能对财务数据产生一定的影响，考虑到过渡期效应，本书的样本期间起始于 2008 年。

（2）考虑样本数据的完整性和稳定性，本书剔除了所有 ST 及 * ST 上市企业的数据。

（3）由于上市金融企业的财务数据波动较为频繁，存在一定特殊性，因此，在本书所选择的样本数据中，剔除了全部金融企业的数据。

在完成数据的筛选以后，本次所获得的样本数量共计 18270 个，随后，本书对数据按照上下 1%进行缩尾处理（*Winsorize*）了，进而确保所有变量的连续性，减少异常值对本书实证分析结果造成的影响。此外，本书运用的计量软件是 STATA 13.0。

2. 描述性统计

主要研究变量的描述性统计情况如表 4-2 所示。

**表 4-2 描述性统计**

| 变量 | N | mean | P25 | P50 | P75 | min | max |
|---|---|---|---|---|---|---|---|
| *Sale*（亿） | 18270 | 65.15 | 30.98 | 61.97 | 92.95 | 0.06 | 186.04 |
| *cost*（亿） | 18270 | 7.41 | 3.84 | 7.68 | 11.52 | 1.13 | 24.12 |
| *D_Dummy* | 18270 | 0.31 | 0.12 | 0.24 | 0.36 | 0 | 1 |
| *Capint* | 18270 | 2.24 | 0.78 | 1.57 | 2.35 | 0.01 | 24.67 |
| *Labint* | 18270 | 0.01 | 0.005 | 0.01 | 0.015 | 0 | 0.14 |
| *LD* | 18270 | 1.12 | 0.38 | 0.75 | 1.13 | 0 | 16.55 |
| $\Delta GDP$ | 18270 | 0.08 | 0.04 | 0.08 | 0.12 | 0.07 | 0.10 |

## 四、实证结果与分析

为了控制企业自身特征因素的影响，本书在相关假设检验中建立了固定效应模型，使用 Hausman 检验来判断选取固定效应和随机效应，其检验结果表示统计量为 73.61，能够证明本次检验适用于固定效应模型。

表 4-3 显示了全样本企业成本粘性的存在性。第一列，回归系数 $\beta_2$ 是 -0.042，在 1%水平上负显著，这表明中国上市企业存在成本粘性；第二列，增加了控制变量后，资本密集度、劳动密集度和 GDP 增速会增加成本粘性，负债水平有利于降低成本粘性，回归系数都在 1%水平上显著，这与 Anderson 等（2003）的研究结论相吻合；第三列，增加了行业、年份和地区效应，结果依然显著。这些实证结果证明了假设 1。

**表 4-3　中国上市企业成本粘性存在性的回归结果**

| 变量 | (1) | (2) | (3) |
|---|---|---|---|
| *Sale* | 0.414***<br>(4.47) | 0.396***<br>(6.98) | 0.424***<br>(4.01) |
| $Sale * D\_Dummy_{i,t}$ | -0.042***<br>(-3.14) | -0.028***<br>(-2.84) | -0.056***<br>(-4.91) |
| $Capint_{i,t}$ | | -0.084***<br>(-2.96) | -0.148***<br>(-3.41) |
| $Labint_{i,t}$ | | -0.032***<br>(-3.57) | -0.047***<br>(-3.96) |
| $Ld_{i,t}$ | | 0.003***<br>(3.85) | 0.007***<br>(3.74) |
| $\Delta GDP_{i,t}$ | | -0.024***<br>(-3.24) | -0.033***<br>(-3.39) |
| *constant* | 0.014**<br>(4.15) | 0.012***<br>(4.86) | 0.017***<br>(4.93) |
| 行业效应 | no | no | yes |
| 年份效应 | no | no | yes |

续表

| 变量 | (1) | (2) | (3) |
|---|---|---|---|
| 地区效应 | no | no | yes |
| N | 18270 | 18270 | 18270 |
| Adj_$R^2$ | 0.275 | 0.414 | 0.437 |
| F值 | 36.74 | 31.92 | 32.61 |

注：括号中报告的是t值。***、**和*分别表示变量估计系数通过1%、5%和10%的显著性水平检验。全书余同。

## 五、稳健性检验

由于前文的检验可能存在内生性，为了克服内生性，使用PSM选取与本书样本资本密集度、劳动密集度、企业规模和负债率最为接近的非上市公司(数据来源于国泰安非上市公司数据库)，选取样本2681个，利用面板固定效应模型再次进行检验。检验结果如表4-4所示，可以看出检验结果和前文基本一致，前文假设成立。

**表4-4　稳健性检验（内生性检验）**

| 变量 | (1) | (2) | (3) |
|---|---|---|---|
| *Sale* | 0.461***<br>(6.03) | 0.403***<br>(9.27) | 0.459***<br>(4.25) |
| $Sale * D\_Dummy_{i,t}$ | -0.067***<br>(-8.38) | -0.038***<br>(-3.61) | -0.036***<br>(-2.95) |
| $Capint_{i,t}$ | | -0.041***<br>(-2.93) | -0.052***<br>(-3.84) |
| $Labint_{i,t}$ | | -0.034***<br>(-3.68) | -0.056***<br>(-4.05) |
| $Ld_{i,t}$ | | 0.005***<br>(4.96) | 0.009***<br>(4.08) |
| $\Delta GDP_{i,t}$ | | -0.029***<br>(-3.45) | -0.041***<br>(-3.91) |

续表

| 变量 | (1) | (2) | (3) |
|---|---|---|---|
| *constant* | 0.076***<br>(7.81) | 0.089***<br>(7.53) | 0.064***<br>(6.02) |
| 行业效应 | no | no | yes |
| 年份效应 | no | no | yes |
| 地区效应 | no | no | yes |
| N | 2681 | 2681 | 2681 |
| $Adj\_R^2$ | 0.401 | 0.426 | 0.418 |
| F 值 | 19.25 | 21.02 | 23.59 |

## 小结

本书运用国泰安数据库中上市公司 2008~2016 年的面板数据建立模型，通过实证研究，分析了上市企业的成本粘性现象，得到了我国上市企业成本存在粘性特征的经验证据，获取了我国上市企业成本粘性存在的影响机制，为下文研究高管货币薪酬激励对成本粘性的影响奠定基础。

本书的研究仍存在以下局限性：其一，因为我们仅拥有从 2008 年开始的 8 年连续数据，在样本选取方面时间跨度较短，可能会导致有效性的降低；其二，本书并未关注其他相关因素的影响。依据现实研究情况，我们仅仅在结果层面分析研究了成本粘性对于一个企业的影响，并没有考虑成本粘性自身和行为背后所包含的内部信息，因而我们以后的研究可以进一步从根据企业的成本粘性现象来为高管制定不同的决策方案这个方面着手。

# 第五章
# 高管货币薪酬水平对成本粘性的影响

## 第一节 引言

第四章分析确认了我国上市企业存在成本粘性现象，得到了我国上市企业成本存在粘性特征的经验证据，获取了我国上市企业成本粘性存在的影响机制。企业的成本管理对于企业绩效具有决定性作用，有效的高管货币薪酬激励可以激励与约束高管的行为，对成本粘性产生积极的影响：一方面，合理的高管货币薪酬激励有助于降低企业的成本粘性；另一方面，恰当的高管货币薪酬激励可以约束高管的投机行为，使高管与股东的利益产生协同一致效应。在我国上市企业成本普遍存在粘性特征的背景下，本章将和第六、第七章从三个既相互联系又相互递进的层面（水平、差距和比重）实证检验高管货币薪酬激励对成本粘性的影响。

高管货币薪酬水平是指高管所获得的货币薪酬总额的绝对值。本书以排名前三的高层管理人员（董事长、总经理和财务总监）的薪酬总额的数学平均值作为判断国内上市企业高管货币薪酬水平的依据。高管货币薪酬激励对成本粘性影响的组织结构如图 5-1 所示。

一个企业日常经营过程中的成本管理对于企业的绩效会产生决定性作用，同时也代表了高管管理受托资源和履行职责的情况。在原有的企业成本管理过程中，普遍的看法是，企业业务量变化和成本变化表现出明显的线性关联，企业业务量增加与下滑所造成的企业成本变动的方向与大小是完全对称的。但是 Anderson 等（2003）通过研究得知，一些成本具备明显的粘性。这部分

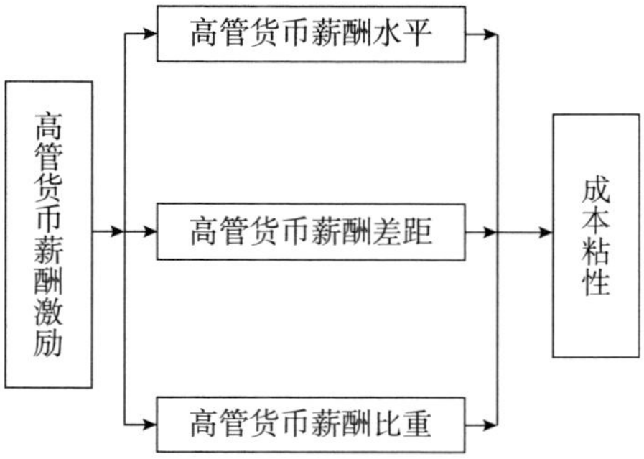


**图 5-1　高管货币薪酬激励对成本粘性影响的组织结构图**

成本在企业业务量上涨时的增长幅度与业务量降低时的缩减幅度相比，要明显大得多，并且表现出不对称性。自国外开始研究成本粘性后，国内学者也陆续开展了这方面的分析研究，首次在我国开展关于企业成本粘性特征学术探讨的学者是孙铮和刘浩，他们利用对我国上市企业相关数据进行实证分析，最早于《中国上市公司费用“粘性”行为研究》中证实了成本粘性在我国大多数的上市企业中都存在。

尽管孙铮和刘浩开启了国内关于成本粘性的研究，相关研究的研究成果也日渐丰富，但鲜有学者深入研究企业治理方面的因素与成本粘性的相互作用，如高管货币薪酬激励这种推动高管决策的重要因素对成本粘性产生的影响。高管货币薪酬水平作为隐藏在高管决策背后的因素是否影响成本粘性？本章围绕这个问题，对高管货币薪酬激励的重要组成部分——高管货币薪酬水平对我国上市企业成本粘性的影响进行了深入研究。

国内外的学者主要关注高管货币薪酬的粘性方面。Jackson 等证实了高管货币薪酬粘性的存在性，相对于业绩下降时的边际减少量，当业绩上升时高管货币薪酬边际增长率相对较大。在高管货币薪酬激励是否对成本粘性存在影响方面，国外学者 Kannianen 认为，如果高管货币薪酬水平较低，那么薪酬机制对高管的激励不足，这时高管努力工作的欲望不强烈，反而激起了他们过度投资的动机，以此来使他们积累更多的个人资源。相反，当高管货币薪酬水平有所提高时，仅薪酬水平就能对高管产生充足的激励效果，这样他们努力工作的动机就会更加强烈，而且当企业的业绩下滑时高管也能够立即做出反应，使成本管理的效率有所增加。在进行了实证研究之后，方军雄也认为，高管货币薪酬存在粘性特征。这种高管货币薪酬与企业经营绩效不对称的现象在我国的上市企业中也普遍存在。尽管高管的薪酬水平与企业业绩间的关系是正向性的，但这种关系并非简单的线性对称，在分析研究了我国3000多家上市企业连续7年间的净利润和高管货币薪酬的关系后，他得出了相对于企业净利润下降时高管货币薪酬的减少幅度，净利润升高时高管货币薪酬的增加幅度更大这一结论，更加有力地证明了高管货币薪酬粘性普遍存在于我国上市企业。国内鲜有从高管货币薪酬这一影响高管决策重要因素的方面进行的研究，陈冬华等（2005）发现，如果高管的薪酬水平很低，高管货币薪酬在激励高管时往往会倾向于另外一些隐形激励措施，如在职消费等，从而导致一些不必要的亏损，高管出于自利动机不断扩大投资规模，这时企业便会出现成本粘性现象。把高管货币薪酬总额作为指标，罗宏等根据国有控股上市企业的数据，研究分析了成本粘性、企业治理与高管货币薪酬三者的关系，证实了高管的自利行为会因为高管货币薪酬水平的增加而降低，从而降低企业的成本粘性，若是企业治理水平有所提高，这种作用也会由此增强。

## 第二节 理论分析与研究假设

### 一、理论分析

基于委托代理理论和激励理论，企业的经营权和所有权实现了分离，由于所有权与经营权相分离，代理问题层出不穷，再加上主观因素与客观要素的影响，企业在发现销售收入降低时，通常无法尽快对成本做出调节并进行合理分配，这就导致销售收入降低时的成本缩减数额与收入增长时的成本增长数额相比要低得多。业务量降低是企业发展过程中必定会面对的问题，也是企业发展必须历经的阶段，所以形成了成本粘性的客观存在性特征。现阶段中国市场制度不够健全，所有者对经营者的制约与监管力度较弱，使高管有了很多机会来谋取一己之私，严重侵害了企业所有者的合法权益，从而导致企业代理成本居高不下，运作效率严重下滑。

图 5-2 是高管货币薪酬水平影响成本粘性内在机制的路线图。

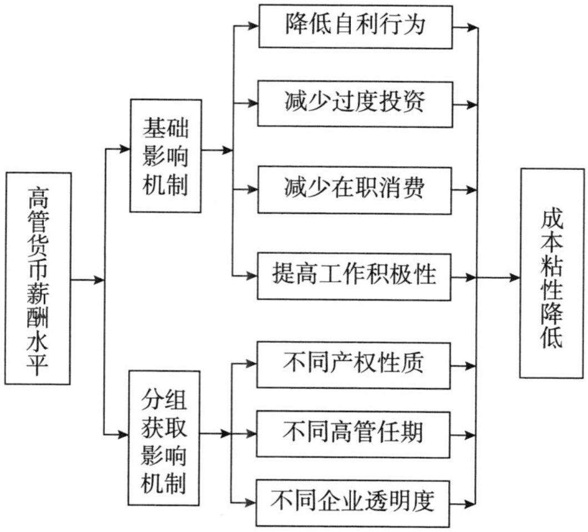


**图 5-2　高管货币薪酬水平影响成本粘性内在机制的路线图**

企业的经营权和所有权实现了分离，这就使得企业高管和股东之间利益必将存在差异，再加上高管和股东之间本身存在严重的信息不对称，相较于企业的股东而言，高管所能够掌握的企业信息更多，这就往往会导致企业产生代理问题和逆向选择。股东应建立科学的高管货币薪酬激励体系，以此来激励高管的工作，减少股东利益和高管利益之间的冲突。高管为了掌握更多的个人消费资源，通常会投入更多的成本用于企业发展。与之相反的是，当高管的薪酬水平本身较高时，高管就能获得有效的激励，也会以更加饱满的热情投入工作，从而使高管有效降低企业成本，减少在职消费和过度投资，进而提高企业经营业绩和自己的收入，进一步降低成本粘性。

## 二、研究假设

高管是企业高层管理人员，拥有一定的经营权，可以介入企业运营决策的各个环节，负责企业各种经济活动，对企业而言价值巨大，优秀的高管队伍能够对企业发展产生决定性影响。孙铮等学者归纳了西方学术界的研究成果，提出有关成本粘性形成原因的三大理论观点：一是契约论；二是效率论；三是机会主义论。他们利用经验证据研究指出，宏观经济发展与资本密集度两项影响要素对成本粘性产生的影响并不显著，机会主义是成本粘性最为主要的影响要素。企业发展与运作阶段，极易产生高管个人目标和股东价值目标存在差距的状况，此时高管很可能为达到一己之私而视股东利益于不顾，一味地追求个人利益最大化，拒绝对成本投资做出制约和调节。高管重视的并非企业收益最大化，更多的是个人价值是否可以实现、是否能够获得巨大的私人利益，由此便滋生了道德风险与逆向选择风险，阻碍了企业的运作和平稳持续的发展。这实际上是委托代理问题，从侧面反映出高管的自利行为是导致成本粘性出现的一大原因。此外，企业也存在信息不对称、监管成本居高不下等问题，即高管会刻意掩盖事实，导致股东无法精准获取高管做出的决策是否正确等相关信息，难以做到动态化监管，这些都为高管因股东监管不力而做出有利于个人的成本决策提供了可能。所以，为了降低成本粘性，需要对高管的自利投机行为做出规制。

本章分析的高管货币薪酬水平是指高管所获得的货币薪酬总额。本书以排名前三的高层管理人员（董事长、总经理和财务总监）的薪酬总额之数学平均值作为判断国内上市企业高管货币薪酬水平的依据，同时也综合考虑了国内 1999 年之后对外公布的高管货币薪酬。股东为规避和消除所有者和经营者存在的利益矛盾，构建了完善的高管货币薪酬激励制度。如果高管对自身的薪酬水平不甚满意，那么其极有可能利用职位之便谋取一己之私，占据企业的资源（陈冬华等，2005）。高管也可能会利用过度投资等行为获取用于满足消费需求的资源（Kannianen，2000）。构建完善的薪酬激励制度，使高管能够获得较高的薪酬待遇，必然可以降低自利行为与投机行为出现的概率。斯科特指出，参照企业绩效来明确高管货币薪酬水平，可以让高管在企业出现销售收入降低的情形时凭借着自身的专业优势对企业成本投资做出必要的调节，利用合理的方式减少企业成本，削弱成本粘性。对股东而言，可利用薪酬契约等形式提升高管货币薪酬福利待遇，消除所有权者与运营权者之间的利益冲撞，真正调动高管的工作热情，使之全身心地投入到工作当中。通过构建完善的薪酬制度，一方面可以约束高管的投机行为和自利行为，另一方面可以为企业的平稳持续发展提供充足的保证，促使高管从保障企业收益和股东权益的视角入手，做出正确的成本投资决策，真正降低企业的成本粘性。

从委托代理的角度来看，企业的经营权和所有权实现了分离，这就使企业的高管和股东之间必将存在利益差异，再加上高管和股东之间本身存在严重的信息不对称问题，相较于企业的股东而言，高管所能掌握的企业信息更多，这往往会导致企业产生代理问题和逆向选择。股东应建立科学的高管货币薪酬激励体系，通过薪酬激励的方式激励高管的工作，减少股东利益和高管利益之间的冲突。强大的企业治理机制可以减少代理问题，并限制高管以牺牲股东利益为代价来促进自身利益的动机（Shleifer & Vishny，1997）。大量的经验证据均支持企业治理机制在减少高管进行企业帝国构建或不愿意裁员等方面所体现的代理问题的有效性。

当股东所设置的薪酬激励机制本身并不合理时，企业的高管通常会为了获得额外的货币薪酬而破坏股东的合法权益，这种方式就会导致企业收入的下滑。在企业的收入下滑以后，高管为了确保自身在职消费等隐性福利不受影响，就会产生过度投资的动机，为了掌握更多的个人消费资源，高管通常会投入更多的资源用于企业发展。与之相反的是，当高管的薪酬水平本身较高时，高管就能获得有效的激励，也会以更加饱满的热情进行工作，此时高管就会有效降低企业成本，进而提高企业经营业绩和自己的收入（Banker et al.，2014；孙维章等，2016）。如果企业能够设置科学合理的高管货币薪酬体系，那么就能够增强高管和股东利益的一致性，进一步降低产生成本粘性的可能性。

综上所述，本书提出假设 2：高管货币薪酬水平会影响上市企业成本粘性；高管货币薪酬水平越高，对企业成本粘性的降低越有利。

国有企业和民营企业高管的薪酬标准与企业治理环境存在巨大差异。高管货币薪酬激励对成本粘性的形成以及有效性的影响同样不尽相同。考虑到企业运营目标与负担的各类风险，我国所推行的宏观经济政策主要是依附于国有企业来实施的。国有企业具备维持经济平稳发展、供应完善的公共产品与服务、提供就业岗位、维系社会秩序等功能，其目的不单单局限在获得收益，主要的目的还包括减少社会失业率，推动经济平稳持续发展，所以高管做出的决策极易和股东利益最大化相背离（余明桂、李文贵和潘红波，2013）。就企业市场功能来说，国有企业的市场定位不仅仅局限于竞争，也包含保障社会有序发展等职责，因而企业负担的风险相对来说较低。国有企业和民营企业有所差别，相关政府职能部门对国有企业高管的评核不仅仅限于企业的绩效水平，在制定高管货币薪酬激励体系时，比较重视的是短期业绩、公正性、贡献率等要素。由于高管努力程度与企业业绩并不存在很高的关联性，也就是说，薪酬与绩效之间联系较低（陈冬华、陈信元和万华林，2005；权小峰、吴世农和文芳，2010；周仁俊、杨战兵和李礼，2010；李文贵和余明桂，2012），所以，国有企业在负担风险、确定运营目标、编制高管货币薪酬等诸多方面存在一系列问题，国有企业高管努力程度与国有企业业绩水平关联度较低。

综上所述，本书提出假设3：与国有企业相比，民营企业高管货币薪酬水平越高，对成本粘性的降低作用越明显。

高管就职期限对成本粘性的存在也会产生很大影响。虽然任职期限较长可以使高管累积更多的工作经验，对企业发展产生良好的影响，然而，任期长可以使高管有更多的机会通过自利投资行为获取巨大的利益（Murphy，1985；Jensen & Murphy，1990）。当高层管理人员任职期限较长时，他们在企业之中构建同盟的可能性也越大，甚至可以通过控制董事会来获得更多的利益，最终侵害了股东的权益（Berger，Ofek & Yermack，1997）。因此，任职期限较长很容易使高管持有的权力更多，从而增加一些与主营业务关系不大的多样投资，这种无目的性、无规划的投资会减少企业价值，然而高管却可以从中谋取个人利益，以此来弥补因运营环境不够明确而使个人面临的损失（Dechow & Sloan，1991）。此时高管承担的风险很小，企业负担的风险较高，两者之间风险负担不够均衡，造成企业代理问题越发严峻。

综上所述，本书提出假设4：与高管任期较长的企业相比，高管任期较短的企业的高管货币薪酬水平越高，对成本粘性的降低作用越显著。

上市企业精准、如实地披露信息，一方面有助于提升资源分配效率，另一方面可以减少企业资金筹集成本，约束高管操控盈余的行为，增加企业信息公开化程度，消除信息不对称现象，制约高管的机会主义倾向，从而企业风险产生的概率会减小（曾颖和陆正飞，2006）。如果能够精准、如实地披露企业信息，就可以减少高管过度投资的动机，减少高管的在职消费，为了掌握更多的个人消费资源，高管通常会以更加饱满的热情投入工作，并且会投入更多的资源用于企业发展，从而有效降低企业成本。与此同时，精准、如实地披露企业信息还可以约束高管的投机行为与自利行为，为企业平稳持续发展提供充足的保证，促使高管从保障企业收益和股东权益的视角入手，做出正确决策，真正地去降低企业成本粘性。当不同透明度的企业设置科学合理的高管货币薪酬体系时，能够确保高管利益和股东利益的一致性，进一步降低产生成本粘性的可能性。

综上所述，本书提出假设5：与透明度较低的企业相比，透明度较高的企业的高管货币薪酬水平越高，对成本粘性的降低作用越有效。

## 第三节　研究设计与样本选取

### 一、模型设计

为了检验高管货币薪酬水平对成本粘性的影响，本书借鉴了学者赵息采用的方法，模型如式（5-1）所示。

$$Cost = \beta_0 + \beta_1 \cdot Sale + \beta_2 \cdot Sale * D\_Dummy_{i,t} + \beta_3 \cdot Sale * D\_Dummy_{i,t} * Pay_{i,t} + \beta_4 \cdot Capint_{i,t} + \beta_5 \cdot labint_{i,t} + \beta_6 \cdot Ld_{i,t} + \beta_7 \cdot \Delta GDP_{i,t} + \sum Year + \sum Indy + \sum Area + \varepsilon \tag{5-1}$$

$Cost = \ln \frac{cost_{i,t}}{cost_{i,t-1}}$表示连续两年的成本变化率，$Sale = \ln \frac{sale_{i,t}}{sale_{i,t-1}}$表示连续两年的销售收入变化率；$D_Dummy_{i,t}$是判断营业收入是否下降的虚拟变量，当$D_Dummy_{i,t}=0$时，表示第$t$期企业的销售收入大于第$t-1$期的销售收入，即收入上升；当$D_Dummy_{i,t}=1$时，表示第$t$期企业的销售收入小于第$t-1$期的销售收入，即收入下降；$\beta_1$表示营业收入上升时$Cost$的上升幅度；$\beta_1+\beta_2$表示营业收入下降时$Cost$的下降幅度；当$\beta_2<0$时，表示存在成本粘性。$Pay_{i,t}$代表高管货币薪酬水平；$Capint_{i,t}$代表资本密集度；$Labint_{i,t}$代表劳动密集度；$Ld_{i,t}$代表企业的负债水平；$\Delta GDP_{i,t}$代表GDP的增速；$Year$代表时间变量；

*Indy* 代表行业变量；*Area* 代表地区变量；$\varepsilon$ 则是指残差项。模型（5-1）主要关注交乘项 $Sale * D\_Dummy_{i,t} * Pay_{i,t}$ 的系数 $\beta_3$，如果 $\beta_3$ 为正且显著，则证明高管货币薪酬水平对成本粘性有降低作用，系数越大，则说明高管货币薪酬水平越高，越有利于降低成本粘性。变量含义和测算方法如表 5-1 所示。

**表 5-1 变量含义和测算方法**

| 变量 | 含义 | 测算方法 |
|---|---|---|
| *Cost* | 连续两年成本的变化率 | $Cost = \ln \frac{cost_{i,\ t}}{cost_{i,\ t-1}}$ |
| *Sale* | 连续两年销售收入的变化率 | $Sale = \ln \frac{sale_{i,\ t}}{sale_{i,\ t-1}}$ |
| $D\_Dummy_{i,t}$ | 收入变动的虚拟变量 | 当 $D\_Dummy_{i,t}=0$ 时，表示第 $t$ 期企业的销售收入大于第 $t-1$期的销售收入，即收入上升；当 $D\_Dummy_{i,t}=1$ 时，表示第 $t$ 期销售收入小于第 $t-1$ 期销售收入，即收入下降 |
| $Pay_{i,t}$ | 高管货币薪酬水平 | 前三高管短期货币薪酬总额的数学平均数 |
| $Capint_{i,t}$ | 资本密集度 | 固定资产净值除以企业职工人数 |
| $Labint_{i,t}$ | 劳动密集度 | 工业总产值除以企业职工人数 |
| $Ld_{i,t}$ | 负债水平 | 总负债除以总资产 |
| $\Delta GDP_{i,t}$ | GDP 的增速 | $(GDP_t-GDP_{t-1})/GDP_{t-1}$ |
| *Year* | 时间变量 | 时间虚拟变量 |
| *Indy* | 行业变量 | 行业虚拟变量 |
| *Area* | 地区变量 | 省份虚拟变量 |

## 二、研究变量选择

1. 被解释变量

结合目前各类文献对成本粘性这一概念所做出的定义，在选择成本粘性变量时，主要采用成本相关变量的变动。本书选择的被解释变量主要是销售成本与销管费用之和的变化幅度，即 $Cost = \ln \frac{cost_{i,\ t}}{cost_{i,\ t-1}}$。

2. 解释变量

解释变量有两个：一是连续两年销售收入的变化率 $Sale = \ln \frac{sale_{i,\ t}}{sale_{i,\ t-1}}$；二是 $Sale * D\_Dummy_{i,t} * Pay_{i,t}$，如果系数 $\beta_3$为正且显著，则证实假设 2，并为验证假设 3、假设 4、假设 5 对样本进行分组检验。

3. 控制变量

本书选取的控制变量包括：资本密集度 $Capint_{i,t}$；劳动密集度 $Labint_{i,t}$；企业的负债水平 $Ld_{i,t}$；GDP 的增速$\Delta GDP_{i,t}$。

## 三、样本选取、数据来源和描述性统计

1. 样本选取和数据来源

本书选取国泰安数据库中我国 2008~2016 年沪深股市中上市企业的面板数据作为研究样本，并按照以下剔除标准对这个时间段内的数据进行筛选：

（1）本书的样本期间为 2008~2016 年。中国于 2007 年开始实施新的会计准则和审计准则，新准则可能对财务数据产生一定的影响，考虑到过渡期效应，本书的样本期间起始于 2008 年。

（2）考虑样本数据的完整性和稳定性，本书剔除了所有 ST 及 * ST 上市企业的数据。

（3）由于上市金融企业的财务数据波动较为频繁，存在一定特殊性，因此，在本书所选择的样本数据中，剔除了全部金融企业的数据。

在完成数据的筛选以后，本次所获得的样本数量共计 18270 个，随后，本书对数据按照上下 1%进行缩尾处理（*Winsorize*），以确保所有变量的连续性，减少异常值对本书实证分析结果造成的影响。此外，本书运用的计量软件是 STATA 13.0。

2. 描述性统计

表 5-2 呈现了主要研究变量的描述性统计情况。

**表 5-2　描述性统计**

| 变量 | N | mean | P25 | P50 | P75 | min | max |
|---|---|---|---|---|---|---|---|
| *Sale*（亿） | 18270 | 65. 15 | 30. 98 | 61. 97 | 92. 95 | 0. 06 | 186. 04 |
| *cost*（亿） | 18270 | 7. 41 | 3. 84 | 7. 68 | 11. 52 | 1. 13 | 24. 12 |
| *D_Dummy* | 18270 | 0. 31 | 0. 12 | 0. 24 | 0. 36 | 0 | 1 |
| *Pay*（万） | 18270 | 14. 58 | 7. 01 | 14. 02 | 21. 03 | 6. 79 | 53. 75 |
| *Capint* | 18270 | 2. 24 | 0. 78 | 1. 57 | 2. 35 | 0. 01 | 24. 67 |
| *Labint* | 18270 | 0. 01 | 0. 005 | 0. 01 | 0. 015 | 0 | 0. 14 |
| *LD* | 18270 | 1. 12 | 0. 38 | 0. 75 | 1. 13 | 0 | 16. 55 |
| $\Delta GDP$ | 18270 | 0. 08 | 0. 04 | 0. 08 | 0. 12 | 0. 07 | 0. 10 |

# 第四节　实证结果与分析

## 一、基础实证分析

本章和第四章一样，采用固定效应模型。表 5-3 显示了实证结果：第一列，核心解释变量 $Sale*D\_Dummy_{i,t}*Pay_{i,t}$ 的系数在 1%水平上显著，这表明中国上市企业高管货币薪酬水平越高，越有利于企业成本粘性的降低；第二列增加了行业、年份和地区效应，结果依然显著；第三列增加了控制变量，资本密集度、劳动密集度和 GDP 增速会增加成本粘性，负债水平有利于降低成本粘性，回归系数都在 1%水平上显著；核心解释变量 $Sale*D\_Dummy_{i,t}*Pay_{i,t}$ 的回归系数比第一列和第二列大，说明加入控制变量后，高管货币薪酬水平越高，对企业成本粘性的降低越有利，验证了假设 2。

**表 5-3　企业（全样本）高管货币薪酬水平对成本粘性影响的回归结果**

| 变量 | (1) | (2) | (3) |
|---|---|---|---|
| *Sale* | 0. 334***<br>(7. 81) | 0. 418***<br>(7. 46) | 0. 401***<br>(6. 95) |

续表

| 变量 | (1) | (2) | (3) |
|---|---|---|---|
| $Sale*D\_Dummy_{i,t}$ | -0.031***<br>(-7.86) | -0.048***<br>(-1.96) | -0.067***<br>(-2.54) |
| $Sale*D\_Dummy_{i,t}*Pay_{i,t}$ | 0.011***<br>(3.48) | 0.015***<br>(4.19) | 0.029***<br>(3.67) |
| $Capint_{i,t}$ | | | -0.038***<br>(-2.69) |
| $Labint_{i,t}$ | | | -0.041***<br>(-3.46) |
| $Ld_{i,t}$ | | | 0.002***<br>(3.16) |
| $\Delta GDP_{i,t}$ | | | -0.034***<br>(-3.14) |
| *constant* | 0.069***<br>(4.82) | 0.083***<br>(6.64) | 0.048***<br>(6.93) |
| 行业效应 | no | yes | yes |
| 年份效应 | no | yes | yes |
| 地区效应 | no | yes | yes |
| N | 18270 | 18270 | 18270 |
| $Adj\_R^2$ | 0.554 | 0.465 | 0.459 |
| F 值 | 31.69 | 38.87 | 26.98 |

## 二、进一步实证分析

1. 不同产权属性企业的高管货币薪酬水平对成本粘性的影响

依据产权属性的差别，本书将国内企业划分成国有企业与民营企业来进行实证分析，回归检验结论如表 5-4 所示。

第一列和第二列回归结果显示了国有企业高管货币薪酬水平对成本粘性的影响，核心解释变量 $Sale*D\_Dummy_{i,t}*Pay_{i,t}$ 的系数不显著，这表明我国国有上市企业高管货币薪酬水平对企业成本粘性的降低作用有限。

第三列和第四列回归结果显示了民营企业高管货币薪酬水平对成本粘性的影响，其核心解释变量 $Sale * D\_Dummy_{i,t} * Pay_{i,t}$ 的系数在 1% 水平上显著，这表明我国民营上市企业高管货币薪酬水平对企业成本粘性有重要影响。与国有企业相比，民营企业高管货币薪酬水平对成本粘性产生的降低作用更加突出，原因可能是，在我国国有企业与民营企业高管货币薪酬水平编制标准与企业治理环境相差悬殊，从而导致高管货币薪酬水平对成本粘性施加的影响也不尽相同。从运营目标与风险负担的视角加以剖析，国有企业是中国各项经济政策贯彻落实的主体，其担负着保障经济平稳发展、提供完善的公共产品与服务、提供就业岗位与机会、维系社会秩序等诸多职责，其存在的目的不仅仅局限于获得收益，最为主要的是减少社会失业率，推动经济平稳持续发展。从企业市场功能来说，国有企业的市场定位不单单局限在竞争，也包含保障社会有序发展等职责，因而企业负担的风险相对来说较低。国有企业和民营企业有所差别，相关政府职能部门对国有企业高管的评核不仅仅限于企业的绩效水平，在制定高管货币薪酬时，比较重视的是短期业绩、公正性、贡献率等要素。所以，与国有企业相比，民营企业高管货币薪酬水平越高，对成本粘性的降低作用越明显，验证了假设 3。

**表 5-4　不同产权性质企业高管货币薪酬水平对成本粘性影响的回归结果**

| 变量 | 国有 | | 民营 | |
|---|---|---|---|---|
| | (1) | (2) | (3) | (4) |
| $Sale$ | 0.317***<br>(3.16) | 0.328***<br>(3.55) | 0.564***<br>(4.87) | 0.452***<br>(4.95) |
| $Sale * D\_Dummy_{i,t}$ | −0.041***<br>(−3.13) | −0.026***<br>(−2.86) | −0.038***<br>(−3.19) | −0.036***<br>(−3.17) |
| $Sale * D\_Dummy_{i,t} * Pay_{i,t}$ | 0.007<br>(1.52) | 0.012<br>(1.61) | 0.015***<br>(2.85) | 0.019***<br>(3.23) |
| $Capint_{i,t}$ | | −0.034<br>(−1.53) | | −0.021<br>(−1.62) |
| $Labint_{i,t}$ | | −0.061<br>(−1.24) | | −0.070<br>(−1.31) |

续表

| 变量 | 国有 | | 民营 | |
|---|---|---|---|---|
| | (1) | (2) | (3) | (4) |
| $Ld_{i,t}$ | | 0.001<br>(1.25) | | 0.001<br>(1.24) |
| $\Delta GDP_{i,t}$ | | -0.036<br>(-1.26) | | -0.061<br>(-1.41) |
| *constant* | 0.023 ***<br>(6.74) | 0.041 ***<br>(7.83) | 0.026 ***<br>(6.56) | 0.038 ***<br>(4.39) |
| 行业效应 | yes | yes | yes | yes |
| 年份效应 | yes | yes | yes | yes |
| 地区效应 | yes | yes | yes | yes |
| N | 10934 | 10934 | 7336 | 7336 |
| $Adj\_R^2$ | 0.414 | 0.412 | 0.306 | 0.475 |
| F 值 | 59.12 | 54.65 | 61.27 | 48.58 |

2. 不同高管任期的企业的高管货币薪酬水平对成本粘性的影响

本书将企业高管任职期限中位数视作样本区分根据，分析不同高管任期的货币薪酬水平对成本粘性的影响，我国高管任职期限的中位数为 2.58（谢获宝和慧丽丽，2014）。检验结果如表 5-5 所示。

当高管任期小于等于中位数时，核心解释变量 $Sale * D\_Dummy_{i,t} * Pay_{i,t}$ 在 1%水平上显著，这表明当我国上市企业高管任职时间较短时，其薪酬水平对企业成本粘性有降低作用。

当高管任期大于等于中位数时，核心解释变量 $Sale * D\_Dummy_{i,t} * Pay_{i,t}$ 的系数不显著，这表明当我国上市企业高管任职时间较长时，其薪酬水平对企业成本粘性影响不大。

以上回归结果表明，把高管任职期限视作企业治理变量，高管任职期限较短的企业，其薪酬水平对企业成本粘性有降低作用。这是由于尽管较长的任职期限可以使高管获得更多的工作经验，对企业发展极为有益，然而任职期限较长时，高管极易通过自利投机行为提升收益，谋取一己之私，并且在企业之中建立战略同盟，利用自身的影响力来制约董事会，以获得自身最大化收益，从而侵害股东的合法权益。因此，任职期限较长很容易使高管持有的权力更多，此时高管会增加一些与主营业务关系不大的多样投资，这种无目的性、无规划的投资会减少企业价值，然而高管却可以从中谋得很多个人利益，以此来弥补运营环境不够明确使自身面临的亏损。所以，与高管任期较长的企业相比，高管任期较短的企业的高管货币薪酬水平越高，对成本粘性的降低作用更为显著，验证了假设 4。

**表 5-5 不同高管任期的企业的高管货币薪酬水平对成本粘性影响的回归结果**

| 变量 | 高管任期短 | | 高管任期长 | |
|---|---|---|---|---|
| | (1) | (2) | (3) | (4) |
| *Sale* | 0. 482*** (6. 90) | 0. 491*** (6. 21) | 0. 456*** (4. 58) | 0. 485*** (4. 37) |
| $Sale*D\_Dummy_{i,t}$ | -0. 021*** (-5. 78) | -0. 025*** (-5. 61) | -0. 031*** (-4. 95) | -0. 033*** (-6. 27) |
| $Sale*D\_Dummy_{i,t}*Pay_{i,t}$ | 0. 042*** (9. 52) | 0. 086*** (2. 85) | 0. 027 (1. 17) | 0. 082 (1. 41) |
| $Capint_{i,t}$ | | 0. 368*** (2. 53) | | 0. 215*** (3. 84) |
| $Labint_{i,t}$ | | -0. 027 (-1. 27) | | -0. 036 (-1. 44) |
| $Ld_{i,t}$ | | -0. 022 (-1. 41) | | -0. 019 (-1. 18) |
| $\Delta GDP_{i,t}$ | | -0. 157 (-1. 54) | | -0. 267 (-1. 48) |
| *constant* | 0. 073*** (4. 74) | 0. 076*** (4. 52) | 0. 071*** (9. 45) | 0. 079*** (7. 98) |
| 行业效应 | yes | yes | yes | yes |
| 年份效应 | yes | yes | yes | yes |
| 地区效应 | yes | yes | yes | yes |
| N | 10171 | 10171 | 8099 | 8099 |
| $Adj\_R^2$ | 0. 455 | 0. 462 | 0. 457 | 0. 395 |
| F 值 | 36. 82 | 22. 14 | 36. 47 | 29. 03 |

3. 不同透明度的企业的高管货币薪酬水平对成本粘性的影响

企业透明度用财务分析师预测误差来度量，中位数为 0.032（谢获宝和慧丽丽，2017）。按照中位数进行分组，大于中位数的是透明度高的企业，小于中位数的是透明度低的企业。通过分组分析不同透明度的企业的高管货币薪酬水平对成本粘性的影响，检验结果如表 5-6 所示。

当企业透明度大于等于中位数时，核心解释变量 $Sale * Stick_{i,t} * Pay_{i,t}$ 的系数在 1%水平上显著，这表明当我国上市企业的透明度越高时，其高管货币薪酬水平对企业成本粘性的降低作用越明显。

当企业透明度小于等于中位数时，核心解释变量 $Sale * Stick_{i,t} * Pay_{i,t}$ 的系数不显著，这表明透明度低的企业，高管货币薪酬水平对企业成本粘性的作用不大。

研究结果表明，较低的企业透明度会加重企业内部和外部的信息不对称程度，高管货币薪酬水平对企业成本粘性的作用明显。原因在于，企业精准、如实地披露信息，一方面有助于提升资源分配效率，另一方面可以减少企业资金筹集成本，约束高管操控盈余的行为，增加企业信息公开化程度，消除信息不对称现象，制约高管的机会主义倾向，降低企业风险产生的概率。所以与透明度较低的企业相比，透明度较高的企业的高管货币薪酬水平越高，对成本粘性的降低作用越有效，验证了假设 5。

**表 5-6　不同透明度的企业的高管货币薪酬水平对成本粘性影响的回归结果**

| 变量 | 企业透明度低 | | 企业透明度高 | |
|---|---|---|---|---|
| | (1) | (2) | (3) | (4) |
| $Sale$ | 0.311***<br>(3.71) | 0.325***<br>(4.08) | 0.474***<br>(4.45) | 0.416***<br>(3.34) |
| $Sale * D\_Dummy_{i,t}$ | -0.038***<br>(3.72) | -0.031***<br>(3.88) | -0.044***<br>(3.98) | -0.041***<br>(3.14) |
| $Sale * D\_Dummy_{i,t} * Pay_{i,t}$ | 0.017<br>(0.94) | 0.021<br>(0.83) | 0.085***<br>(4.08) | 0.063***<br>(3.81) |
| $Capint_{i,t}$ | | -0.463***<br>(-5.68) | | -0.468***<br>(-5.56) |

续表

| 变量 | 企业透明度低 | | 企业透明度高 | |
|---|---|---|---|---|
| | (1) | (2) | (3) | (4) |
| $Labint_{i,t}$ | | -0.028<br>(-1.27) | | -0.035<br>(-1.19) |
| $Ld_{i,t}$ | | 0.228***<br>(3.51) | | 0.474***<br>(5.25) |
| $\Delta GDP_{i,t}$ | | -0.213<br>(-1.45) | | -0.169<br>(-1.39) |
| *constant* | 0.008***<br>(6.52) | 0.020***<br>(6.81) | 0.027***<br>(8.17) | 0.021***<br>(8.86) |
| 行业效应 | yes | yes | yes | yes |
| 年份效应 | yes | yes | yes | yes |
| 地区效应 | yes | yes | yes | yes |
| N | 9851 | 9851 | 8419 | 8419 |
| $Adj\_R^2$ | 0.468 | 0.421 | 0.482 | 0.515 |
| F值 | 29.44 | 25.85 | 31.83 | 39.76 |

## 第五节　稳健性检验

前文的检验可能存在内生性，采用IV-2SLS克服内生性，选取样本企业上一任排名前三的高管的短期平均货币薪酬（数据来源于国泰安数据库）为工具变量，因为上一任的前三的高管的短期平均货币薪酬对本期企业成本粘性有重要影响，而本期高管的短期平均货币薪酬与同行高管平均薪酬以及高管自身特征直接相关，受上一任排名前三的高管的短期平均货币薪酬的影响不大，所以符合工具变量的选取条件。表5-7显示了检验结果，检验结果和前文基本一致，故前文假设成立。

表 5-7　稳健性检验（内生性检验）

| 变量 | (1) | (2) | (3) |
|---|---|---|---|
| *Sale* | 0.462***<br>(6.14) | 0.454***<br>(4.61) | 0.449***<br>(6.02) |
| $Sale * D\_Dummy_{i,t}$ | −0.022***<br>(−4.23) | −0.047***<br>(−2.09) | −0.044***<br>(−3.24) |
| $Sale * D\_Dummy_{i,t} * Pay_{i,t}$ | 0.016***<br>(4.01) | 0.021***<br>(4.57) | 0.038***<br>(3.98) |
| $Capint_{i,t}$ | | | −0.047***<br>(−2.95) |
| $Labint_{i,t}$ | | | −0.051***<br>(−3.71) |
| $Ld_{i,t}$ | | | 0.009***<br>(3.62) |
| $\Delta GDP_{i,t}$ | | | −0.041***<br>(−3.49) |
| *constant* | 0.076***<br>(5.41) | 0.092***<br>(8.64) | 0.056***<br>(7.15) |
| 行业效应 | no | yes | yes |
| 年份效应 | no | yes | yes |
| 地区效应 | no | yes | yes |
| N | 18270 | 18270 | 18270 |
| $Adj\_R^2$ | 0.561 | 0.494 | 0.474 |
| F 值 | 32.94 | 33.17 | 28.46 |

# 小结

本书选择 2008~2016 年 A 股上市企业面板数据作为研究对象，研究发现：高管货币薪酬水平对企业成本粘性有重要影响，薪酬水平越高，越有利于成本粘性的降低；进一步地，与国有企业相比，民营企业高管货币薪酬水平越高，对成本粘性的降低作用越明显；与高管任期较长的企业相比，高管任期较短的企业的高管货币薪酬水平越高，对成本粘性的降低作用越显著；与透明度较低的企业相比，透明度较高的企业的高管货币薪酬水平越高，对成本粘性的降低作用越有效。

通过实证研究，本书获取了高管货币薪酬水平与成本粘性之间关系的经验证据，并得到了以下启示：高管货币薪酬水平对其行为乃至企业成本决策能够产生重要的影响，我们认为适当地激励高管可以减少委托代理问题。通过实证检验得知，高管货币薪酬水平对成本粘性水平有明显的降低作用。所以，企业必须适当调整目前的高管货币薪酬体系，坚持以货币性薪酬为主，建立健全多元化高管货币薪酬体系，制定明确的考核标准和奖惩制度，以此来降低目前的成本粘性水平，使成本管理效率得到充分提升。例如，为了使高管适当地关注当前的业绩并能适时调整成本政策，企业可以提升高管的薪酬水平；企业在完善薪酬激励体系的同时，也要遵循适度的原则，重视自身所处的内外部环境。尽管本书证实了高管货币薪酬水平有利于降低成本粘性水平，但这一结论不代表无限制地提升货币薪酬水平，高管整体薪酬水平的过度提升会导致企业背负高昂的成本，当货币性薪酬所占比重较高时，长期薪酬激励水平必定过低，从而使高管忽视企业的未来发展，而且内部薪酬差距拉大容易引起低层次高管的不公平感，使他们不满薪酬政策甚至离职，也会使高层次高管滋生懒惰心理，不思进取。所以，为了企业成本管理效率的提升而不断完善高管货币薪酬激励制度的同时，也不能忽视其他因素的影响。

# 第六章

# 高管货币薪酬差距对成本粘性的影响

## 第一节　引言

高管货币薪酬差距是指（排名前三）高管与（其他）高管之间的薪酬差距，具体来说，以排名前三的高管的货币薪酬总额平均数与排名前三高管外其他全部高管的货币薪酬总额平均数的比率作为反映高管货币薪酬差距的变量。本书以排名前三的高层管理人员（董事长、总经理和财务总监）的薪酬总额之数学平均值与前三高管外其他全部高管的平均薪酬总额的比率作为判断国内上市企业高管货币薪酬差距的依据。

现有的研究成本粘性的文献重点研究以下三个方面：一是成本粘性的特点及其是否存在（孔玉生等，2007；刘彦文和王玉刚，2009）；二是成本粘性的产生原因（孙铮和刘浩，2004）；三是影响成本粘性的因素（万寿义和徐圣男，2012 ）。本书认为，内因和外因两大因素共同构成了影响成本粘性的因素。内因指的是高管行为等，外因指的是行业、股东性质以及市场化程度差异等。企业应充分发挥对高管的激励作用，使高管重视对成本的控制，以此降低成本粘性程度，达到“粘性克服”。我们把高管货币薪酬相对内部其他高管的溢价称作高管货币薪酬差距，它对成本粘性的克服效果具有决定性作用。所以，本书不仅检验了高管货币薪酬差距能否影响成本粘性程度，还进一步探讨了不同产权性质、不同高管任期、不同透明度的企业高管货币薪酬差距对成本粘性的影响机理，扩展了对成本粘性问题的研究，即从单一的管理会计视角延伸至整个企业管理领域，为进一步研究成本粘性提供了经验证据。

# 第二节 理论分析和研究假设

## 一、理论分析

通过合理运用委托代理理论和激励理论，一些产生成本粘性的原因是可以避免的。但有一些因素很难克服，如调整成本（Palm et al.，1998；Anderson et al.,2003）和高管的乐观预期等。代理理论从高管的自利行为出发阐述了产生成本粘性的原因。由于高管可能会用手中的权力调整成本以追求个人利益的最大化，这样一来资源配置与企业利润最大化这一目标不相符，成本粘性也会受到正向强化或者反方向弱化（Kama et al.，2010）的影响。

外因和内因共同构成了影响成本粘性的因素。行业差异、股东性质、资本密集度、历史成本、经济增长等因素被称为外因，虽然外因可以影响成本粘性程度，但高管不能通过主动的行为来克服，因而当研究高管对成本粘性造成的影响时，我们往往关注内因。通过对高管自利动机是如何影响成本粘性的进行研究，李息等认为，若增加高管货币薪酬比重中的变动性比例，则高管更倾向于自利，因此这些因素会加重企业成本粘性产生的程度。以上种种研究虽然对成本粘性的理论研究有一定扩展，但却只着眼于外因或高管，缺乏对两者的共同研究，也没有构建完整的理论框架。本书认为，为了增强成本粘性研究的现实意义，必须从内因入手来进行研究。而外因不仅会直接作用于成本粘性的产生，甚至可以影响内因的作用效果，因而在考虑内因的同时也要关注外因。

图 6-1 是高管货币薪酬差距影响成本粘性内在机制的路线图。

合理的高管货币薪酬差距是企业对锦标赛理论的运用。相较于高管自身工作上的优秀表现，其优于竞争对手的工作表现更容易使他们获得晋升。Lazear 认为，晋升带来的薪酬的迅速增加对高管来说诱惑很大，因此晋升很容易激起竞争。企业员工会随着薪酬差距的拉大而更加努力地工作，这会对企业业绩产生积极的推动作用。根据 Rosen 的“连续淘汰竞赛”理论，随着

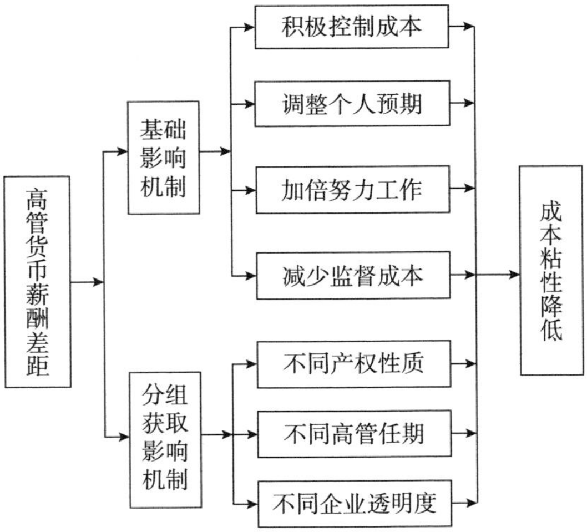


**图 6-1　高管货币薪酬差距影响成本粘性内在机制的路线图**

职位的增高，货币薪酬的增加幅度会逐步提高。总之，锦标赛理论在减少监督成本方面有积极的推动作用，运用货币薪酬差距促进了激励的有效性。成本粘性产生的重要因素之一是高管的自利行为，设计得当的薪酬差距并进行有效利用能够使高管积极控制成本和调整个人预期，进而使成本随着销售量的变化而变化的幅度减小，避免过度增加或减少，充分激励高管努力工作，降低成本粘性的程度。

## 二、研究假设

不少学者在研究高管货币薪酬差距对成本粘性的影响时发现，当企业内部高级管理人员之间存在合理的货币薪酬差距时，能够有效规避高管和股东之间的代理问题。企业通常会根据业绩来确定高管货币薪酬结构，高管为了获得更高的货币薪酬，通常会努力工作以提高企业业绩，这种努力工作的氛围也会形成良性竞争环境，高管之间也会相互监督（Hanlon，Rajgopal & Shevlin，2003）。由此可见，增加高管之间货币薪酬的差距，能够给高管的工作带来一定的激励，通过引导高管在工作中不断努力来提高企业的业绩水平。当企业的业务量下滑时，高管通常会削减成本，当企业的业务量上升时，高管也会对目前的成本进行控制，降低企业的成本粘性水平（Banker et al.，

2014)。从另一个层面来看，如果企业中高管之间货币薪酬的差距较小，那么就无法对高管的工作产生激励，即使高管的业绩水平下滑，也并不会产生对企业资源进行合理配置的想法，此时企业的成本粘性水平较高。

综上所述，本书提出假设 6：高管货币薪酬差距会影响上市企业成本粘性，差距越大，越有利于降低成本粘性。

国有企业和民营企业都是我国市场经济运行的主体，但是两者高管的薪酬标准和公司治理机制却不相同（权小峰、吴世农和文芳，2010）。国有企业具有维持经济平稳发展、供应完善的公共产品与服务、提供就业岗位、维系社会秩序等功能，其目的不仅仅局限于获得收益，最为主要的是减少社会失业率，推动经济平稳持续发展，所以高管做出的决策极易和股东利益最大化相背离（陈冬华、陈信元和万华林，2005；权小峰、吴世农和文芳，2010）。相对于民营企业，国有企业的市场定位不单单是竞争，也包含保障社会有序发展等职责，因此企业负担的风险相对来说较低。国有企业和民企差别巨大，相关政府职能部门对国有企业高管的评核不仅仅限于企业的绩效水平，在制定高管货币薪酬时，其比较重视的是短期业绩、公正性、贡献率等要素。而民营企业产权清楚，管理层竞争比较激烈，对高管货币薪酬差距比较重视，更有动机降低成本粘性（谢获宝和慧丽丽，2017）。

综上所述，本书提出假设 7：与国有企业相比，民营企业的高管货币薪酬差距越大，对成本粘性的降低作用越明显。

高管任职时间对成本粘性的存在产生很大的影响。高管任职时间较长很可能使高管有更多的机会通过自利投资行为获取巨大的利益（Murphy，1985；Jensen & Murphy，1990）。高层管理人员任职时间越长，他们在企业之中构建同盟的可能性也越大，甚至可以通过控制董事会来获得更多的利益，最终侵害股东的权益。任职时间较长很容易使高管持有的权力更多，此时高管会增加过度投资和在职消费。这种过度投资和在职消费会给企业带来风险，增加企业的成本粘性，然而高管却可以从中谋取很多个人利益。此时高管负担的风险非常小，企业负担的风险较高，两者之间风险负担不够均衡，造成企业代理问题越发严峻（谢获宝和慧丽丽，2014）。

综上所述，本书提出假设 8：与高管任期较长的企业相比，高管任期较短的企业的高管货币薪酬差距越大，对成本粘性的降低作用越显著。

准确披露企业信息，既可以提升企业资源运行效率，又可以降低企业成本，约束高管操控盈余的行为，增加企业信息公开化程度，消除信息不对称现象，制约高管的机会主义倾向，减少产生企业风险的概率（张宗新、杨飞和袁庆海等，2007）。企业信息披露越精准，就越可以减少高管过度投资的动机和在职消费，为了掌握更多的个人消费资源，高管通常会以更加饱满的热情进行工作，并投入更多的资源用于企业发展，从而可以有效降低企业成本。与此同时，准确披露企业信息还可以约束高管的投机行为与自利行为，为企业平稳持续发展提供充足的保证，促使高管从保障企业收益与股东权益的视角入手，做出正确决策，真正地降低企业成本粘性。当不同透明度的企业设置科学合理的高管货币薪酬体系时，能够确保高管和股东利益的一致性，进而降低产生成本粘性的可能性。

综上所述，本书提出假设 9：相比企业透明度较低的企业，企业透明度较高的企业的高管货币薪酬差距越大，对成本粘性的降低作用越有效。

# 第三节 研究设计与样本选取

## 一、模型设计

为了检验高管货币薪酬差距成本粘性的存在，本书借鉴了赵息（2012）采用的方法和模型，如式（6-1）所示。

$$\begin{aligned} Cost = &\beta_0 + \beta_1 \cdot Sale + \beta_2 \cdot Sale * D\_Dummy_{i,\ t} + \beta_3 \cdot Sale * \\ &D\_Dummy_{i,\ t} * P - G_{i,\ t} + \beta_4 \cdot Capint_{i,\ t} + \beta_5 \cdot labint_{i,\ t} + \\ &\beta_6 \cdot Ld_{i,\ t} + \beta_7 \cdot \Delta GDP_{i,\ t} + \sum Year + \sum Indy + \sum Area + \varepsilon \end{aligned} \tag{6-1}$$

$Cost = \ln \dfrac{cost_{i,\ t}}{cost_{i,\ t-1}}$ 表示连续两年成本的变化率，$Sale = \ln \dfrac{sale_{i,\ t}}{sale_{i,\ t-1}}$ 表示连续两年销售收入的变化率；$D\_Dummy_{i,t}$ 是判断营业收入是否下降的虚拟变量，当 $D\_Dummy_{i,t}=0$ 时，表示第 $t$ 期企业的销售收入大于第 $t-1$ 期的销售收入，

即收入上升；当 $D\_Dummy_{i,t}=1$ 时，表示第 $t$ 期企业的销售收入小于第 $t-1$ 期的销售收入，即收入下降；$\beta_1$表示营业收入上升时 Cost 的上升幅度；$\beta_1+\beta_2$表示营业收入下降时 Cost 的下降幅度；当 $\beta_2<0$ 时，表示存在成本粘性。$P-G_{i,t}$代表高管货币薪酬差距；$Capint_{i,t}$代表资本密集度；$Labint_{i,t}$代表劳动密集度；$Ld_{i,t}$代表企业的负债水平；$\Delta GDP_{i,t}$代表 GDP 的增速；Year 代表时间变量；Indy 代表行业变量；Area 代表地区变量；$\varepsilon$ 则是指残差项。模型（6-1）主要关注交乘项 $Sale*D_Dummy_{i,t}*P-G_{i,t}$的系数$\beta_3$，如果$\beta_3$为正且显著，则证实假设 6，并为验证假设 7、假设 8、假设 9 对样本进行分组检验。变量含义和测算方法如表 6-1 所示。

**表 6-1　变量含义和测算方法**

| 变量 | 含义 | 测算方法 |
|---|---|---|
| Cost | 连续两年成本的变化率 | $Cost=\ln\frac{cost_{i,t}}{cost_{i,t-1}}$ |
| Sale | 连续两年销售收入的变化率 | $Sale=ln\frac{sale_{i,t}}{sale_{i,t-1}}$ |
| $D\_Dummy_{i,t}$ | 收入变动的虚拟变量 | 当 $D\_Dummy_{i,t}=0$ 时，表示第 $t$ 期企业的销售收入大于第 $t-1$期的销售收入，即收入上升；当 $D\_Dummy_{i,t}=1$ 时，表示第 $t$ 期销售收入小于第 $t-1$ 期销售收入，即收入下降 |
| $P-G_{i,t}$ | 高管货币薪酬差距 | 前三高管的平均货币薪酬/除前三高管以外的全部高管的平均货币薪酬 |
| $Capint_{i,t}$ | 资本密集度 | 固定资产净值除以企业职工人数 |
| $Labint_{i,t}$ | 劳动密集度 | 工业总产值除以企业职工人数 |
| $Ld_{i,t}$ | 负债水平 | 总负债除以总资产 |
| $\Delta GDP_{i,t}$ | GDP 的增速 | 当年 GDP 减去去年 GDP/ GDP |
| Year | 时间变量 | 时间虚拟变量 |
| Indy | 行业变量 | 行业虚拟变量 |
| Area | 地区变量 | 省份虚拟变量 |

## 二、研究变量选择

1. 被解释变量

结合目前各类文献对成本粘性这一概念所做出的定义，在选择成本粘性变量时，主要采用成本等变量的变动。本书选择的被解释变量主要是销售成本和销管理费用两者之和的变化幅度，即 $Cost = \ln \frac{cost_{i,\ t}}{cost_{i,\ t-1}}$。

2. 解释变量

解释变量共有两个：一是连续两年销售收入的变化率 $Sale = \ln \frac{sale_{i,\ t}}{sale_{i,\ t-1}}$；二是交乘项 $Sale * D\_Dummy_{i,t} * P-G_{i,t}$，如果 $\beta_3$ 为正且显著，则证实假设 6，并为验证假设 7、假设 8、假设 9 对样本进行分组检验。

3. 控制变量

本书选取的控制变量包括：$Capint_{i,t}$代表资本密集度；$Labint_{i,t}$代表劳动密集度；$Ld_{i,t}$代表企业的负债水平；$\Delta GDP_{i,t}$代表 GDP 的增速。

## 三、样本选取、数据来源和描述性统计

1. 样本选取和数据来源

本书选取国泰安数据库中我国 2008~2016 年沪深股市中的上市企业的面板数据作为研究样本，并按照以下剔除标准对这个时间段内的数据进行筛选：

（1）本书的样本期间为 2008~2016 年。我国于 2007 年开始实施新的会计准则和审计准则，新准则可能对财务数据产生一定的影响，考虑到过渡期效应，本书的样本期间起始于 2008 年。

（2）考虑样本数据的完整性和稳定性，本书剔除了所有 ST 及 * ST 上市企业的数据。

（3）由于上市金融企业的财务数据波动较为频繁，存在一定的特殊性，因此，在本书所选择的样本数据中，剔除了全部金融企业的数据。

在完成数据的筛选以后，本次所获得的样本数量共计 18270 个，随后，

本书对数据按照上下 1%进行缩尾处理（*Winsorize*），以确保所有变量的连续性，减少异常值对本书实证分析结果造成的影响。此外，本书运用的计量软件是 STATA 13.0。

2. 描述性统计

表 6-2 呈现了主要研究变量的描述性统计情况。

**表 6-2　描述性统计**

| 变量 | N | mean | P25 | P50 | P75 | min | max |
|---|---|---|---|---|---|---|---|
| *Sale*（亿） | 18270 | 65.15 | 30.98 | 61.97 | 92.95 | 0.06 | 186.04 |
| *cost*（亿） | 18270 | 7.41 | 3.84 | 7.68 | 11.52 | 1.13 | 24.12 |
| *D_Dummy* | 18270 | 0.31 | 0.12 | 0.24 | 0.36 | 0 | 1 |
| *P-G* | 18270 | 2.18 | 0.73 | 1.46 | 2.19 | 1 | 9.18 |
| *Capint* | 18270 | 2.24 | 0.78 | 1.57 | 2.35 | 0.01 | 24.67 |
| *Labint* | 18270 | 0.01 | 0.005 | 0.01 | 0.015 | 0 | 0.14 |
| *LD* | 18270 | 1.12 | 0.38 | 0.75 | 1.13 | 0 | 16.55 |
| $\Delta GDP$ | 18270 | 0.08 | 0.04 | 0.08 | 0.12 | 0.07 | 0.10 |

# 第四节　实证结果与分析

## 一、基础实证分析

本章继续用固定效应模型进行回归检验。表 6-3 显示了全样本企业高管货币薪酬差距对成本粘性的影响。

回归结果显示：第一列，核心解释变量 $Sale * D\_Dummy_{i,t} * P\text{-}G_{i,t}$ 的系数在 1%水平上显著，这表明中国上市企业高管货币薪酬差距越大，越有利于降低成本粘性；第二列增加了行业、年份和地区效应，结果依然显著；第三列增加了控制变量，资本密集度、劳动密集度和 GDP 增速会增加成本粘性，负债水平有利于减少成本粘性，回归系数都在 1%水平上显著；核心解释变量 $Sale * D\_Dummy_{i,t} * P\text{-}G_{i,t}$ 的回归系数比第一列和第二列大，说明加入控制变量后，上市企业高管货币薪酬差距越大，越有利于降低成本粘性，从而证明了假设 6。

**表 6-3　企业（全样本）高管货币薪酬差距对成本粘性影响的回归结果**

| 变量 | (1) | (2) | (3) |
|---|---|---|---|
| *Sale* | 0.491*** (6.28) | 0.395*** (3.89) | 0.454*** (4.62) |
| $Sale * D\_Dummy_{i,t}$ | −0.058*** (−6.42) | −0.035** (−2.04) | −0.048*** (−3.85) |
| $Sale * D\_Dummy_{i,t} * P\text{-}G_{i,t}$ | 0.016*** (5.16) | 0.024*** (6.48) | 0.037*** (4.15) |
| $Capint_{i,t}$ | | | −0.045** (−3.85) |
| $Labint_{i,t}$ | | | −0.048** (−4.59) |
| $Ld_{i,t}$ | | | 0.007** (2.97) |
| $\Delta GDP_{i,t}$ | | | −0.049** (−4.85) |
| *constant* | 0.074** (8.95) | 0.092*** (4.37) | 0.057*** (7.87) |
| 行业效应 | no | yes | yes |
| 年份效应 | no | yes | yes |
| 地区效应 | no | yes | yes |
| N | 18270 | 18270 | 18270 |
| $Adj\_R^2$ | 0.342 | 0.457 | 0.461 |
| F 值 | 24.85 | 31.21 | 26.49 |

## 二、进一步实证分析

### 1. 不同产权性质企业高管货币薪酬差距对成本粘性的影响

本书依据产权属性的差别将国内企业划分成国有企业与民营企业这两类

来完成实证分析，回归检验结论如表 6-4 所示。第一列和第二列回归结果显示了国有企业高管货币薪酬差距对成本粘性的影响，核心解释变量的系数不显著，这表明我国国有上市企业高管货币薪酬差距对企业成本粘性的影响有限。第三列和第四列回归结果显示了民营企业高管货币薪酬差距对成本粘性的影响，核心解释变量 $Sale * D\_Dummy_{i,t} * P\text{-}G_{i,t}$ 的系数在 1%水平上显著，这表明我国民营上市企业高管货币薪酬差距对企业成本粘性有重要影响。与国有企业相比，民营企业高管货币薪酬差距越大，越有利于降低成本粘性，原因可能在于，在我国当下，国有企业与民营企业高管货币薪酬编制标准与企业治理环境相差悬殊，使得高管货币薪酬差距对成本粘性施加的影响也不尽相同。从运营目标与风险负担的视角加以剖析，国有企业作为中国各项经济政策贯彻落实的主体，肩负着保障经济平稳发展、提供完善的公共产品与服务、提供就业岗位与机会、维系社会秩序等诸多职责。其存在的目的不仅仅在于获得收益，最为主要的是减少社会失业率，推动经济平稳持续发展。从企业市场功能的视角来说，国有企业市场定位不仅局限于竞争，也包含保障社会有序发展等职责，因此企业负担的风险相对来说较低。国有企业和民营企业有所差别，相关政府职能部门对国有企业高管的评核不仅仅限于企业的绩效水平，在制定高管货币薪酬时，其比较重视的是短期业绩、公正性、贡献率等要素。所以，与国有企业相比，民营企业的高管货币薪酬差距越大，对成本粘性的降低作用越明显，验证了假设 7。

**表 6-4 不同产权性质企业高管货币薪酬差距对成本粘性影响的回归结果**

| 变量 | 国有 | | 民营 | |
|---|---|---|---|---|
| | (1) | (2) | (3) | (4) |
| $Sale$ | 0. 556***<br>(3. 86) | 0. 574***<br>(4. 28) | 0. 628***<br>(6. 18) | 0. 664***<br>(3. 42) |
| $Sale * D\_Dummy_{i,t}$ | -0. 049***<br>(-2. 94) | -0. 034***<br>(-2. 47) | -0. 043***<br>(-3. 07) | -0. 044***<br>(-3. 85) |
| $Sale * D\_Dummy_{i,t} * P\text{-}G_{i,t}$ | 0. 004<br>(0. 94) | 0. 018<br>(0. 87) | 0. 014***<br>(2. 89) | 0. 019***<br>(3. 34) |
| $Capint_{i,t}$ | | -0. 037<br>(-0. 85) | | -0. 019<br>(-0. 87) |

续表

| 变量 | 国有 | | 民营 | |
|---|---|---|---|---|
| | (1) | (2) | (3) | (4) |
| $Labint_{i,t}$ | | -0.047<br>(-1.24) | | -0.082<br>(-0.95) |
| $Ld_{i,t}$ | | 0.003<br>(1.15) | | 0.004<br>(1.46) |
| $\Delta GDP_{i,t}$ | | -0.027<br>(-1.34) | | -0.054<br>(-0.97) |
| *constant* | 0.034***<br>(13.56) | 0.049***<br>(6.94) | 0.035***<br>(9.24) | 0.039**<br>(5.76) |
| 行业效应 | yes | yes | yes | yes |
| 年份效应 | yes | yes | yes | yes |
| 地区效应 | yes | yes | yes | yes |
| N | 10934 | 10934 | 7336 | 7336 |
| $Adj\_R^2$ | 0.414 | 0.312 | 0.506 | 0.475 |
| F 值 | 67.21 | 74.85 | 65.78 | 57.64 |

2. 不同高管任期的企业的高管货币薪酬差距对成本粘性的影响

本书将企业高管任职期限中位数视作样本区分根据，分析不同高管任期的企业的高管货币薪酬差距对成本粘性的影响，检验结果如表 6-5 所示。当高管任期小于中位数时，核心解释变量 $Sale * D_Dummy_{i,t} * P-G_{i,t}$的系数在 1%水平上显著，这表明当我国上市企业高管任职时间较短时，其薪酬差距越大，越有利于降低成本粘性；当高管任期大于中位数时，核心解释变量 $Sale * D_Dummy_{i,t} * P-G_{i,t}$的系数不显著，这表明当我国上市企业高管任职时间较长时，其薪酬差距对成本粘性影响不大。以上回归结果表明，把高管任职期限视作企业治理变量，高管任职期限较短的企业的高管货币薪酬差距对成本粘性产生的影响较为显著，这是由于尽管较长的任职期限可以使高管获得更多的工作经验，对企业发展极为有益，然而当任职期限较长时，高管极易通过自利投机行为提升自身的收益，谋取一己之私，并在企业之中建立战略同盟，利用自身的影响力来制约董事会，以获得自身最大化收益，从而侵害了股东的合法权益。因此，任职期限较长很容易使高管持有的权力更多，此时，高管会增加一些与主营业务关系不大的多样投资，这种无目的性、无规划的投资会减少企业价值，然而高管却可以从中谋得很多个人利益，以此来弥补运营环境不够明确使自身面临的亏损。此时高管负担的风险非常小，而企业负担的风险较高，两者之间风险负担不够均衡，造成企业存在的代理问题越发严峻，导致高管货币薪酬绩效的敏感性严重下滑，使风险与高管货币薪酬契约之间存在显著的负相关关系。与高管任期较长的企业相比，高管任期较短的企业的高管货币薪酬差距越大，对成本粘性的降低作用越显著，验证了假设 8。

**表 6-5　不同高管任期的企业的高管货币薪酬差距对成本粘性影响的回归结果**

| 变量 | 高管任期长 | | 高管任期短 | |
|---|---|---|---|---|
| | (1) | (2) | (3) | (4) |
| *Sale* | 0.474***<br>(6.41) | 0.485***<br>(5.58) | 0.447***<br>(6.47) | 0.482***<br>(4.96) |
| $Sale*D\_Dummy_{i,t}$ | −0.036***<br>(−6.24) | −0.037***<br>(−7.36) | −0.036***<br>(−4.85) | −0.034***<br>(−7.46) |
| $Sale*D\_Dummy_{i,t}*P\text{-}G_{i,t}$ | 0.048<br>(0.93) | 0.055<br>(1.14) | 0.042***<br>(2.95) | 0.071***<br>(3.48) |
| $Capint_{i,t}$ | | −0.376***<br>(−3.64) | | −0.228***<br>(−4.54) |
| $Labint_{i,t}$ | | −0.024<br>(−1.29) | | −0.042<br>(−1.11) |
| $Ld_{i,t}$ | | 0.026<br>(1.17) | | 0.027<br>(1.24) |
| $\Delta GDP_{i,t}$ | | −0.148<br>(−1.34) | | −0.259<br>(−1.29) |
| *constant* | 0.087***<br>(6.47) | 0.071***<br>(4.95) | 0.072***<br>(5.94) | 0.078***<br>(4.56) |
| 行业效应 | yes | yes | yes | yes |
| 年份效应 | yes | yes | yes | yes |
| 地区效应 | yes | yes | yes | yes |

续表

| 变量 | 高管任期长 | | 高管任期短 | |
|---|---|---|---|---|
| | (1) | (2) | (3) | (4) |
| N | 13171 | 13171 | 5099 | 5099 |
| Adj_$R^2$ | 0.455 | 0.462 | 0.357 | 0.395 |
| F 值 | 44.95 | 43.52 | 54.26 | 55.28 |

3. 不同透明度的企业的高管货币薪酬差距对成本粘性的影响

在表 6-6 中，以企业透明度的中位数进行分组，分析不同透明度的企业的高管货币薪酬差距对成本粘性的影响。检验结果显示，当企业透明度小于中位数时，核心解释变量 $Sale*D\_Dummy_{i,t}*P\text{-}G_{i,t}$ 的系数不显著，这表明当我国上市企业的透明度较小时，其薪酬差距对企业成本粘性影响不大。当企业透明度大于中位数时，核心解释变量 $Sale*D\_Dummy_{i,t}*P\text{-}G_{i,t}$ 的系数在 1%水平上显著，表明透明度较高的企业的高管货币薪酬差距越大，对成本粘性的降低作用越明显。原因是企业精准如实地披露信息，一方面有助于提升资源分配效率，另一方面可以减少企业资金筹集成本，约束高管操控盈余的行为，增加企业信息公开化程度，消除信息不对称现象，制约高管的机会主义倾向，减小企业风险产生的概率。所以，与透明度较低的企业相比，透明度较高的企业的高管货币薪酬差距越大，对成本粘性的降低作用越有效，验证了假设 9。

**表 6-6　不同透明度的企业的高管货币薪酬差距对成本粘性影响的回归结果**

| 变量 | 企业透明度高 | | 企业透明度低 | |
|---|---|---|---|---|
| | (1) | (2) | (3) | (4) |
| $Sale$ | 0.407***<br>(9.14) | 0.449***<br>(8.26) | 0.562***<br>(4.85) | 0.525***<br>(6.74) |
| $Sale*D\_Dummy_{i,t}$ | -0.043***<br>(7.49) | -0.032***<br>(9.04) | -0.056***<br>(5.74) | -0.057***<br>(4.56) |
| $Sale*D\_Dummy_{i,t}*P\text{-}G_{i,t}$ | 0.028<br>(0.91) | 0.036<br>(0.02) | 0.074***<br>(3.24) | 0.089***<br>(3.61) |

续表

| 变量 | 企业透明度高 | | 企业透明度低 | |
|---|---|---|---|---|
| | (1) | (2) | (3) | (4) |
| $Capint_{i,t}$ | | 0.476***<br>(6.14) | | 0.448***<br>(5.62) |
| $Labint_{i,t}$ | | -0.032<br>(-1.28) | | -0.041<br>(-1.41) |
| $Ld_{i,t}$ | | 0.239***<br>(4.62) | | 0.485***<br>(6.74) |
| $\Delta GDP_{i,t}$ | | -0.246<br>(-1.07) | | -0.178<br>(-1.31) |
| *constant* | 0.010***<br>(5.59) | 0.021***<br>(7.25) | 0.026***<br>(3.48) | 0.025***<br>(3.24) |
| 行业效应 | yes | yes | yes | yes |
| 年份效应 | yes | yes | yes | yes |
| 地区效应 | yes | yes | yes | yes |
| N | 12851 | 12851 | 5419 | 5419 |
| Adj_$R^2$ | 0.362 | 0.323 | 0.413 | 0.527 |
| F 值 | 57.44 | 69.26 | 54.57 | 46.91 |

# 第五节　稳健性检验

前文的检验可能存在内生性，和第五章类似，采用 IV-2SLS 克服内生性，选取样本企业上一任高管货币薪酬差距（数据来源于国泰安数据库）为工具变量，因为上一任高管货币薪酬差距对本期企业成本粘性有重要影响，而本期高管货币薪酬差距和同行高管平均薪酬差距以及高管自身特征直接相关，受上一任高管货币薪酬差距的影响不大，所以符合工具变量的选取条件。表6-7显示了检验结果，检验结果和前文基本一致，因而前文假设成立。

**表 6-7 稳健性检验（内生性检验）**

| 变量 | (1) | (2) | (3) |
|---|---|---|---|
| *Sale* | 0.528***<br>(7.39) | 0.412***<br>(5.17) | 0.475***<br>(6.58) |
| $Sale*D\_Dummy_{i,t}$ | −0.026***<br>(−7.28) | −0.041***<br>(−3.32) | −0.051***<br>(−4.74) |
| $Sale*D\_Dummy_{i,t}*P\text{-}G_{i,t}$ | 0.019***<br>(5.08) | 0.027***<br>(6.56) | 0.042***<br>(4.26) |
| $Capint_{i,t}$ | | | −0.049***<br>(−4.12) |
| $Labint_{i,t}$ | | | −0.071***<br>(−4.98) |
| $Ld_{i,t}$ | | | 0.009***<br>(3.27) |
| $\Delta GDP_{i,t}$ | | | −0.056**<br>(−5.21) |
| *constant* | 0.078**<br>(6.14) | 0.097***<br>(6.81) | 0.065***<br>(8.65) |
| 行业效应 | no | yes | yes |
| 年份效应 | no | yes | yes |
| 地区效应 | no | yes | yes |
| N | 18270 | 18270 | 18270 |
| $Adj\_R^2$ | 0.379 | 0.466 | 0.474 |
| F 值 | 38.41 | 37.32 | 46.38 |

## 小结

本书采用国泰安数据库中 2008~2016 年 A 股上市企业面板数据为研究样本，检验高管货币薪酬差距对企业成本粘性的影响。研究发现：高管货币薪酬差距会影响上市企业成本粘性，差距越大，越有利于降低成本粘性；进一步地，与国有企业相比，民营企业的高管货币薪酬差距越大，对成本粘性的降低作用越明显；与高管任期较长的企业相比，高管任期较短企业的高管货币薪酬差距越大，对成本粘性的降低作用越显著；与企业透明度较低的企业相比，透明度较高的企业的高管货币薪酬差距越大，对成本粘性的降低作用越有效。

本章着眼于高管货币薪酬差距是否会影响成本粘性进行了实证检验，结论显示，在中国上市企业普遍存在成本粘性的背景下，有效的高管货币薪酬激励能够减轻这一现象，高管之间货币薪酬差距越大，成本粘性越小。

# 第七章
# 高管货币薪酬比重对成本粘性的影响

## 第一节 引言

高管货币薪酬比重是指在一个会计年度内高管短期货币薪酬占短期货币薪酬与当年持股市值之和的比重。薪酬激励进一步分为短期（一年以内，货币薪酬）激励和长期（一年以上，股权）激励。

Noreen 和 Soderstrom（1997）认为，高管在管理行为上的差异会对成本粘性产生重要影响。Wiersma 将高管货币薪酬架构视作其动机的代理变量，在企业成本架构形成的影响予以制约的前提下，剖析了高管动机对成本粘性产生的影响。研究结果显示，短期薪酬所占比重较高时，能够促使高管在业务量不断下滑的情形下，立即做出减少成本的决策，从而造成成本粘性下降。相反，短期薪酬所占比重较低时，极有可能促使高管在业务量下降的情形下短暂保持资源状态，等待以后业务量回升。赵息和李粮（2012）认为，高管货币薪酬架构里，短期货币薪酬所占比重较高，那么成本粘性也较低。反过来说，高管货币薪酬架构里，短期货币薪酬所占比重较低，那么成本粘性会更为显著。

作为企业日常管理重点，对企业成本管理以及成本粘性的研究是解开成本管理行为原理的关键，为了更深入地理解企业经营管理效率，帮助企业利益相关者进行更好的决策，我们必须理解成本管理行为。截至 2017 年底，在所有的总资产中，上市企业占据的比重高达 82.28%；在所有的净利润中，上市企业占据的比重高达 78.06%。由此可见，上市企业是国民经济的支柱，在国民经济中起主导作用。所以必须深入开展对上市企业成本管理的研究。目前大多数学者在研究影响成本粘性的因素时仅仅从行业及企业治理特征、成本特征和高管自身特征等角度进行，忽视了驱动高管差异决策的因素。

本章将对高管货币薪酬比重如何影响企业成本粘性进行研究，从而得到改善高管货币薪酬比重的办法，进而影响企业成本，为建立健全上市企业的高管货币薪酬体系和进行成本控制提供经验证据。

# 第二节　理论分析和研究假设

## 一、理论分析

基于委托代理理论和激励理论，高管所作决策通常会因对高管的激励差异而偏离企业最优资源决策方案，从另一个角度来说，高管行为的不同特征取决于不同的薪酬比重。当短期货币性报酬所占比重较高时，高管会延迟风险投资，更为重视企业的当期绩效，及时调减企业的生产资源并充分利用闲置生产能力（赵息和李粮，2012）。所以，若企业的短期货币性报酬所占比重较高，则有利于降低成本粘性。

大多数国外学者在研究成本粘性的影响因素时关注了行业及企业治理特征、成本特征和高管的决策特征等。Balakrishnan、Patersen 和 Soderstrom（2014）认为，从行业及企业治理特征来看，当企业的业务量减少且生产能力过剩时，由于高管相信这种减少是持续的，他们更倾向于调减资源。从资本密集度、负债率、净资产回报率、劳动密集度、营运资本率五种因素入手，分别对美、英、德、法四国的成本粘性进行分析检验后，Calleja（2006）认为，除了资本密集度和劳动密集度这两种因素，其余三个因素并不能增加或降低成本粘性水平。Chen 等（2013）认为，企业治理强度对成本粘性具有负向影响，这是因为在业务量下降时，高管由于自利动机的存在，通常延误削减不必要的资源，但当业务量处于增加状态时，高管更愿意寻求实际上并不需要的资源，董事会规模、董事独立性、董事长与总经理两职分离等较好的企业治理机制对高管的帝国构建行为有很好的抑制作用，从而能够很好地降低成本粘性。根据1986~1989年加拿大安大略省189家医院的财务数据，Balakrishnan和Gruca（2008）研究发现，在成本特征方面，与重要程度较低的部门对比，与企业发展以及竞争实力密不可分的部门具备很高的销售成本粘性。并且他们对这种差异从调整成本方面进行了解释。基于美国医院的相关数据，Balakrishnan和Soderstrom（2014）分析验证了核心成本和非核心成本是如何影响不同类型组织（营利医院和非营利医院）的成本粘性的。Anderson等（2007）认为，在高管的决策特征方面，高管的谨慎选择会导致成本粘性现象，如果业务量减少，那么高管要比较调整资源所需的成本和维持现有生产能力的成本。Banker等（2008）研究发现，成本粘性水平会受到高管的乐观态度的影响。通过美国公众企业的相关数据的研究，Kama和Weiss（2013）认为，若是不考虑高管动机，成本粘性会受到前期技术方面选择的影响；为了避免产生利润亏损和盈余下降，高管会降低企业的成本粘性。虽然关于高管的决策与成本粘性关系方面的研究并不少见，但却很少有文献专门研究隐藏在管理者决策差异后的驱动因素是如何影响成本粘性的。Dierynck等（2012）发现，若是高管操纵收入的机会不大，在需求减少时他们更倾向于及时调减资源，这样成本粘性水平便会大大降低，即高管的薪酬会影响成本粘性的产生。我们一般从薪酬水平和比重两个方面研究高管货币薪酬，本章将侧重于研究我国上市企业高管货币薪酬比重是如何影响成本粘性的。

国内学者主要从三个方面研究了影响成本粘性的因素：一是阐述相关理论。孙铮和刘浩（2004）阐述了契约观、效率观和机会主义观三种与成本粘性有关的理论，经过实证研究，得出效率观背后的“宏观经济增长”和契约观背后的“资本密集型”两种因素在很大程度上不能影响成本粘性，表明机会主义观能显著作用于成本粘性。二是研究企业宏观影响因素。通过对销售收入下降幅度和宏观经济增长等因素的研究，刘武发现行业差异能显著作用于成本粘性。刘彦文和王玉刚（2009）认为，宏观经济增长、资本密集程度和历史成本可以显著影响上市企业的成本粘性，时间越长，这三个因素对成本粘性水平的影响越显著，但对各行业成本粘性水平的影响有差异。经过实证研究，曹晓雪等（2009）认为，中央企业的绩效评价制度对成本粘性具有正向作用。三是研究企业微观特征影响因素。孔玉生、朱乃平和孔庆根（2007）等证实了成本粘性会随收入的减少而降低，即业务量的变化幅度对成本粘性有影响；成本粘性与不同企业属性也有关系，资本密集型和劳动密集型企业拥有较高的成本粘性水平。方军雄认为，民营企业和中央企业的高管货币薪酬粘性存在差异，且高管货币薪酬的粘性水平会随着董事会独立性的增强而降低。

我国学者对于我国上市企业高管的研究主要分为三个维度：一是研究董事长。由于大多数上市企业的董事会成员兼任企业经理层人员，董事在企业同样参与了企业的经营活动。二是研究总经理（CEO）。由于在西方发达国家，股权较为分散，通常情况下 CEO 领导着其他管理人员，决定着企业的经营决策，所以 CEO 往往是国外文献中高管的代表。三是研究包括董事会成员、监事会成员、总经理、副总经理、财务总监、董事会秘书等在内的高管团队。一般情况下，与我国传统的集体主义价值观相符，国内大多数企业的战略决策通常由核心高管集体决策。因此，上述高管团队而不仅仅是企业 CEO 有义务对我国上市企业做出各种决策，从而研究高管团队的集体决策更产生实际意义。所以，本书以高管团队为出发点，按照《企业法》中界定的范畴，具体研究了企业年度报告中披露的以及企业实际高管团队中的董事、监事及其他高级管理人员，即董事、监事、总经理、副总经理、总裁、副总裁、董事会秘书、财务总监。同时，本书从上市企业年报中直接获得与高管货币薪酬相关数据进行实证研究，充分保证了数据的真实性和结论的准确性。高管货币薪酬可以根据不同的业绩计量期限分为两种形式：基于较短期限（一年以内）业绩的货币薪酬和基于较长期（一年以上）业绩的股权薪酬。第一种形式表明了高管及企业的即期绩效，主要由基本薪金和高管在当年取得的由其业绩决定的变动奖金等货币性报酬组成；根据企业和个人长期绩效在以后某一时间高管所得的股权性报酬等都是第二种形式的重要组成部分。高管决策会受到高管货币薪酬体系比重的影响。若这一体系中短期货币性报酬所占比重较高，高管可能会减少或延迟有风险的投资，如无形资产、R&D 支出等；当面临业务量减少时，高管由于更为重视企业的当期绩效，可能会及时调减企业的生产资源，充分利用闲置的生产能力。高管货币薪酬比重影响成本粘性内在机制的路线图如图 7-1 所示。

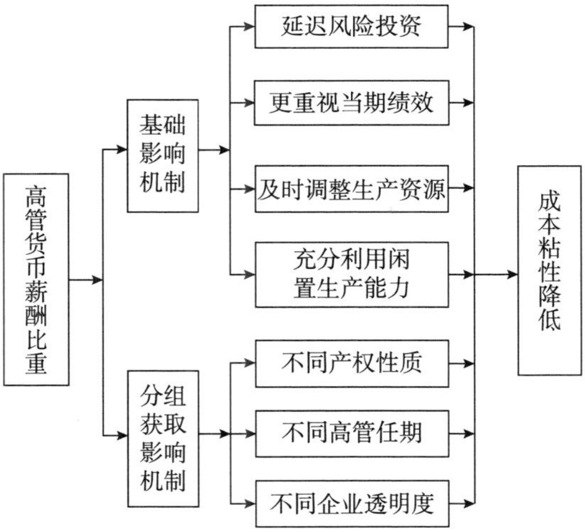


**图 7-1 高管货币薪酬比重影响成本粘性内在机制的路线图**

## 二、研究假设

Jensen 和 Meckling（1976）建立了科学完善的高管货币薪酬体系，不仅能够确保高管利益和股东利益之间的一致性，还能够有效解决高管和股东之间的委托代理问题。Dierynck 等（2012）在研究高管货币薪酬体系合理性与企业高管之间的关系时发现，在企业收入下滑以后，高管为了降低成本粘性，通常会通过某种方式减少企业的成本。这就表明，高管货币薪酬通常能够给企业成本粘性水平带来较大的影响。高管的决策通常会受到高管货币薪酬比重的影响，当高管货币薪酬体系中货币性薪酬所占比重较高时，高管就会以短期业绩目标为努力方向，在做投资项目时，高管通常会延迟资源的投入。为了避免影响自己的薪酬，高管通常会选择条件资源的方式减少企业当期的成本支出。当高管货币薪酬体系中股权性薪酬所占比重较高时，企业的未来业绩和高管的个人利益具有极为密切的关联，此时高管就会从企业长远发展目标来做出经营管理决策，在确定是否对当前的资源进行调整时，通常会对业务量和成本之间的平衡关系进行分析，这种方式就会提高企业的成本粘性。高管所做出的决策不同，企业的成本粘性也会存在较大的差异性，因此企业成本粘性将会受到高管货币薪酬比重的巨大影响（赵息和李粮，2012）。

我国上市企业的高管更倾向于短期货币薪酬。可能的原因是：一方面，高管自身持有更多的货币资金，处理日常生活需要和应付意外事件的能力就更强；中国作为新兴市场，有很多投资机会，存在暴利的空间，高管持有更多的货币资金，就可以随时把握可能出现的盈利机会，从事投资牟取暴利。另一方面，中国的股票市场不稳定，股票的价格除了受企业自身绩效的影响外，一些外部因素，如国家的经济形势、国家的宏观调控政策、国际金融危机等因素对股票价格的影响较大；同时，中国的上市企业也较少派发股利，高管们可能对股票的预期信心不足。所以，与长期的股权相比，高管更偏爱短期货币薪酬。如果上市公司准备利用薪酬激励来降低成本粘性，那么应采用货币薪酬激励而不是股权激励的方式。我国高管偏爱短期货币薪酬的原因分析如图 7-2 所示。

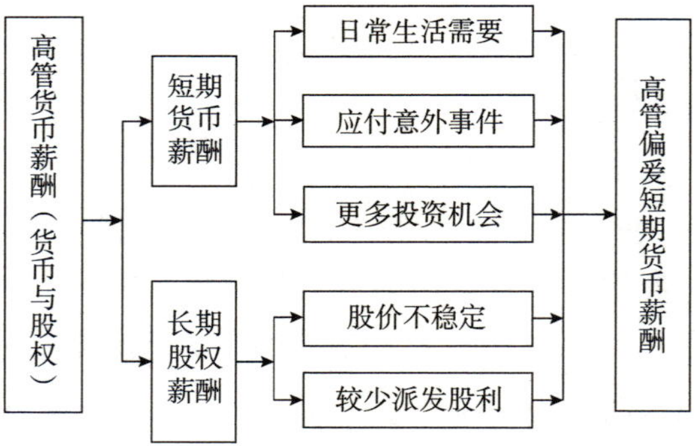


**图 7-2　我国高管偏爱短期货币薪酬原因分析图**

综上所述，本书提出假设 10：高管货币薪酬比重会影响上市企业成本粘性，高管货币薪酬中短期货币薪酬所占比重越高，对成本粘性的降低越有效。

在我国，国有企业和民营企业公司的治理机制，特别是高管的薪酬机制，存在巨大的差别。我国所推行的宏观经济政策主要是依附于国有企业来实施的。国有企业具备维持经济平稳发展、供应完善的公共产品与服务、提供就业岗位、维系社会秩序等功能，其目的并不局限在获得收益，更主要的是减少社会失业率，推动经济平稳持续发展，所以高管做出的决策极易和股东利益最大化相背离。从企业市场功能来说，国有企业的市场定位不仅仅是竞争，也包含保障社会有序发展等职责（陈冬华、陈信元和万华林，2005；权小峰、吴世农和文芳，2010）。因此，企业负担的风险相对来说较低。国有企业和民营企业差别巨大，相关政府职能部门对国有企业高管的评核不仅仅限于企业的绩效水平，在制定高管货币薪酬时，其比较重视的是短期业绩、公正性、贡献率等要素。由于高管努力程度与企业业绩并不存在很高的关联性，也就是说，薪酬与绩效之间联系较弱，而民营企业产权清楚，管理层竞争比较激烈，且民营企业盈利动机更强，对成本投入和利润之间的关系更加敏感，对高管短期货币薪酬比较重视，更有动机降低成本粘性（周仁俊、杨战兵和李礼，2010；李文贵和余明桂，2012）。这表明我国民营上市企业高管短期薪酬比重越高，对减少成本粘性作用越明显。

综上所述，本书提出假设 11：与国有企业相比，民营企业高管货币薪酬中短期货币薪酬所占比重越高，对成本粘性的降低作用越明显。

高管任职的时间可以对成本粘性产生重要影响。较长的任职时间可以使高管有更多的机会通过自利投资行为获取巨大的利益（Murphy，1985；Jensen & Murphy，1990）。当高管任职的时间较长时，他们在企业之中构建同盟的可能性也越大，甚至可以通过控制董事会来获得更多的利益，最终侵害了股东的权益（Berger，Ofek & Yermack，1997）。因此，任职时间较长很容易使高管持有的权力更多，此时高管会增加多元化经营和投资。这种多元化投资可能会带来风险，增加企业的成本，不利于成本粘性的降低。（Arye & Fried，2003）。

综上所述，本书提出假设 12：与高管任期较长的企业相比，高管任期较短的企业的高管货币薪酬中短期货币薪酬所占比重越高，降低成本粘性的作用越显著。

如果能够精准、如实披露地企业信息，既有利于提升企业管理效率，又可以降低企业成本，约束高管操控盈余的行为，增加企业信息公开化程度，消除信息不对称现象，制约高管的机会主义倾向，减小企业风险产生的概率（曾颖和陆正飞，2006；张宗新、杨飞和袁庆海等，2007）。企业披露信息越真实，就越能降低高管过度投资的动机，控制高管的在职消费，为了得到更多的薪酬回报，高管通常会更加努力地工作，投入更多的资源用于企业发展，从而有效降低企业成本。同时，精准、如实地披露企业信息还可以约束高管的投机行为与自利行为，为企业平稳持续发展提供充足的保证，促使高管由企业收益与保障股东权益的视角入手做出正确决策，真正地降低企业成本粘性。当不同透明度的企业设置科学合理的高管货币薪酬体系时，能够确保高管利益和股东利益的一致性，从而降低成本粘性。

综上所述，本书提出假设 13：与透明度较低的企业相比，透明度较高的企业的高管货币薪酬中短期薪酬所占比重越高，对成本粘性的降低作用越有效。

## 第三节　研究设计与样本选取

### 一、模型设计

为了检验高管货币薪酬比重对成本粘性的影响，本书借鉴了赵息（2012）采用的方法，模型如式（7-1）所示。

$$Cost = \beta_0 + \beta_1 \cdot Sale + \beta_2 \cdot Sale * D\_Dummy_{i,\ t} + \beta_3 \cdot Sale * D\_Dummy_{i,\ t} * CS_{i,\ t} + \beta_4 \cdot Capint_{i,\ t} + \beta_5 \cdot labint_{i,\ t} + \beta_6 \cdot Ld_{i,\ t} + \beta_7 \cdot \Delta GDP_{i,\ t} + \sum Year + \sum Indy + \sum Area + \varepsilon \tag{7-1}$$

$Cost = \ln\dfrac{cost_{i,\ t}}{cost_{i,\ t-1}}$表示连续两年成本的变化率，$Sale = \ln\dfrac{sale_{i,\ t}}{sale_{i,\ t-1}}$表示连续两年销售收入的变化率；$D_Dummy_{i,t}$是判断营业收入是否下降的虚拟变量，当$D_Dummy_{i,t}=0$时，表示第 $t$ 期企业的销售收入大于第 $t-1$ 期的销售收入，即收入上升；当 $D\_Dummy_{i,t}=1$ 时，表示第 $t$ 期企业的销售收入小于第 $t-1$ 期的销售收入，即收入下降；$\beta_1$表示营业收入上升时 $Cost$ 的上升幅度；$\beta_1+\beta_2$表示营业收入下降时 $Cost$ 的下降幅度；当 $\beta_2<0$ 时，表示存在成本粘性。$CS_{i,t}$代表高管货币薪酬比重；$Capint_{i,t}$代表资本密集度；$Labint_{i,t}$代表劳动密集度；$Ld_{i,t}$代表企业的负债水平；$\Delta GDP_{i,t}$代表 GDP 的增速；$Year$ 代表时间变量；$Indy$ 代表行业变量；$Area$ 代表地区变量；$\varepsilon$ 则是指残差项。模型（7-1）主要关注交乘项 $Sale * D_Dummy_{i,t} * CS_{i,t}$的系数$\beta_3$，如果$\beta_3$为正且显著，则证实假设 10，并为验证假设 11、假设 12、假设 13 对样本进行分组检验。变量含义和测算方法如表 7-1 所示。

表 7-1　变量含义和测算方法

| 变量名 | 含义 | 测算方法 |
|---|---|---|
| *Cost* | 连续两年成本的变化率 | $Cost = \ln \frac{cost_{i,\ t}}{cost_{i,\ t-1}}$ |
| *Sale* | 连续两年销售收入的变化率 | $Sale = \ln \frac{sale_{i,\ t}}{sale_{i,\ t-1}}$ |
| $D\_Dummy_{i,t}$ | 收入变动的虚拟变量 | 当 $D\_Dummy_{i,t}=0$ 时，表示第 $t$ 期企业的销售收入大于第 $t-1$ 期的销售收入，即收入上升；当 $D\_Dummy_{i,t}=1$ 时，表示第 $t$ 期销售收入小于第 $t-1$ 期销售收入，即收入下降 |
| $CS_{i,t}$ | 高管货币薪酬比重 | 高管短期货币薪酬/短期货币薪酬加当年持股市值之和 |
| $Capint_{i,t}$ | 资本密集度 | 固定资产净值除以企业职工人数 |
| $Labint_{i,t}$ | 劳动密集度 | 工业总产值除以企业职工人数 |
| $Ld_{i,t}$ | 负债水平 | 总负债除以总资产 |
| $\Delta GDP_{i,t}$ | GDP 的增速 | $(GDP_t-GDP_{t-1})\ /\ GDP_{t-1}$ |
| *Year* | 时间变量 | 时间虚拟变量 |
| *Indy* | 行业变量 | 行业虚拟变量 |
| *Area* | 地区变量 | 省份虚拟变量 |

## 二、研究变量选择

1. 被解释变量

结合目前各类文献对成本粘性这一概念所做出的定义，在选择成本粘性变量时，主要采用成本等变量的变动。本书选择的被解释变量主要是销售成本与销管费用之和的变化幅度，即 $Cost = \ln \frac{cost_{i,\ t}}{cost_{i,\ t-1}}$。

2. 解释变量

解释变量主要包括两个：一是连续两年销售收入的变化率 $Sale = \ln \frac{sale_{i,\ t}}{sale_{i,\ t-1}}$；二是交乘项 $Sale * D\_Dummy_{i,t} * CS_{i,t}$，如果 $\beta_3$ 为正且显著，则证实假设 10，并为验证假设 11、假设 12、假设 13 对样本进行分组检验。

3. 控制变量

本书选取的控制变量包括：$Capint_{i,t}$代表资本密集度；$Labint_{i,t}$代表劳动密集度；$Ld_{i,t}$代表企业的负债水平；$\Delta GDP_{i,t}$代表 GDP 的增速。

## 三、样本选取、数据来源和描述性统计

1. 样本选取和数据来源

本书选取国泰安数据库中我国 2008~2016 年沪深股市中上市企业的面板数据作为研究样本，并按照以下剔除标准对这个时间段内的数据进行筛选：

（1）本书的样本期间为 2008~2016 年。我国于 2007 年开始实施新的会计准则和审计准则，新准则可能对财务数据产生一定的影响，考虑到过渡期效应，本书的样本期间起始于 2008 年。

（2）考虑样本数据的完整性和稳定性，本书剔除了所有 ST 及 *ST 上市企业的数据。

（3）由于上市金融企业的财务数据波动较为频繁，存在一定的特殊性，因此，在本书所选择的样本数据中，剔除了全部金融企业的数据。

在完成数据的筛选以后，本次所获得的样本数量共计 18270 个，随后，本书对数据按照上下 1%进行缩尾处理（*Winsorize*），能确保所有变量的连续性，减少异常值对本书实证分析结果造成的影响。此外，本书运用的计量软件是 STATA 13.0。

2. 描述性统计

主要研究变量的描述性统计如表 7-2 所示。

**表 7-2 描述性统计**

| 变量 | N | mean | P25 | P50 | P75 | min | max |
|---|---|---|---|---|---|---|---|
| *Sale*（亿） | 18270 | 65.15 | 30.98 | 61.97 | 92.95 | 0.06 | 186.04 |
| *cost*（亿） | 18270 | 7.41 | 3.84 | 7.68 | 11.52 | 1.13 | 24.12 |
| *D_ Dummy* | 18270 | 0.31 | 0.12 | 0.24 | 0.36 | 0 | 1 |
| *CS* | 18270 | 0.72 | 0.36 | 0.71 | 1.07 | 0 | 1 |
| *Capint* | 18270 | 2.24 | 0.78 | 1.57 | 2.35 | 0.01 | 24.67 |

续表

| 变量 | N | mean | P25 | P50 | P75 | min | max |
|---|---|---|---|---|---|---|---|
| *Labint* | 18270 | 0. 01 | 0. 005 | 0. 01 | 0. 015 | 0 | 0. 14 |
| *LD* | 18270 | 1. 12 | 0. 38 | 0. 75 | 1. 13 | 0 | 16. 55 |
| $\Delta GDP$ | 18270 | 0. 08 | 0. 04 | 0. 08 | 0. 12 | 0. 07 | 0. 10 |

# 第四节　实证结果与分析

## 一、基础实证分析

本章继续用固定效应模型进行回归检验，表 7-3 显示了全样本企业高管货币薪酬中短期薪酬所占比重对成本粘性的影响。

回归结果显示：第一列中，核心解释变量 $Sale*D\_Dummy_{i,t}*CS_{i,t}$ 的系数在 1%水平上显著，表明上市企业的成本粘性水平会随着高管短期货币薪酬比重的增加而降低；第二列增加了行业、年份和地区效应，结果依然显著；第三列增加了控制变量，资本密集度、劳动密集度和 GDP 增速会增加成本粘性，负债水平有助于减少成本粘性，回归系数都在 1%水平上显著，核心解释变量 $Sale*D\_Dummy_{i,t}*CS_{i,t}$ 的回归系数越来越大，说明加入控制变量后，上市企业的成本粘性水平会随着高管货币薪酬中短期货币薪酬所占比重的增加而降低。我国上市企业的高管更倾向于短期货币薪酬。可能的原因是：一方面，高管自身持有更多的货币资金，处理日常生活需要和应付意外事件的能力就更强；中国作为新兴市场，有很多投资机会，存在暴利的空间，高管持有更多的货币资金，就可以随时把握可能出现的盈利机会，从事投资谋取暴利。另一方面，中国的股票市场不稳定，股票的价格除了受企业自身绩效的影响外，一些外部因素，如国家的经济形势、国家的宏观调控政策、国际金融危机等因素对股票价格影响较大；同时，中国的上市企业也较少派发股利，高管们可能对股票的预期信心不足。所以，与长期的股权相比，高管更偏爱短期货币薪酬。如果上市公司准备利用薪酬激励来降低成本粘性，那么应采用货币薪酬激励而不是股权激励的方式。

所以，高管货币薪酬比重会影响上市企业成本粘性，高管货币薪酬中短期货币薪酬所占比重越高，对成本粘性的降低越有效，验证了假设 10。

**表 7-3 企业（全样本）高管货币薪酬比重对成本粘性影响的回归结果**

| 变量 | (1) | (2) | (3) |
| --- | --- | --- | --- |
| *Sale* | 0.585<br>(1.32) | 0.532<br>(1.19) | 0.594<br>(1.08) |
| $Sale * D\_Dummy_{i,t}$ | -0.058***<br>(-6.86) | -0.029***<br>(-2.25) | -0.027***<br>(-3.18) |
| $Sale * D\_Dummy_{i,t} * CS_{i,t}$ | 0.016***<br>(3.81) | 0.021***<br>(3.85) | 0.033***<br>(4.73) |
| $Capint_{i,t}$ | | | -0.005***<br>(-2.648) |
| $Labint_{i,t}$ | | | -0.146***<br>(-4.86) |
| $Ld_{i,t}$ | | | 0.003**<br>(2.56) |
| $\Delta GDP_{i,t}$ | | | -0.245***<br>(-3.25) |
| *constant* | 0.078**<br>(6.91) | 0.092***<br>(8.75) | 0.059***<br>(5.82) |
| 行业效应 | no | yes | yes |
| 年份效应 | no | yes | yes |
| 地区效应 | no | yes | yes |
| N | 18270 | 18270 | 18270 |
| $Adj\_R^2$ | 0.428 | 0.461 | 0.437 |
| F 值 | 21.61 | 22.87 | 26.98 |

## 二、进一步实证分析

1. 不同产权性质企业高管货币薪酬比重对成本粘性的影响

如表 7-4 所示，第一列和第二列回归结果显示了国有企业高管货币薪酬比重对成本粘性的影响，核心解释变量 $Sale * D\_Dummy_{i,t} * CS_{i,t}$ 的系数不显著，这表明中国国有上市企业高管货币薪酬比重对企业成本粘性影响有限。

第三列和第四列回归结果显示了民营企业高管货币薪酬比重对成本粘性的影响，核心解释变量 $Sale * D\_Dummy_{i,t} * CS_{i,t}$ 的系数在 1%水平上显著，说明民营企业高管货币薪酬中短期薪酬所占比重越高，降低成本粘性的作用越明显。所以，与国有企业相比，民营企业高管货币薪酬中短期货币薪酬所占比重越高，对成本粘性的降低作用越明显，验证了假设 11。

**表 7-4　不同产权性质企业高管货币薪酬比重对成本粘性影响的回归结果**

| 变量 | 国有 | | 民营 | |
|---|---|---|---|---|
| | (1) | (2) | (3) | (4) |
| $Sale$ | 0.527<br>(6.85) | 0.425<br>(5.46) | 0.494<br>(3.25) | 0.568<br>(4.43) |
| $Sale * D\_Dummy_{i,t}$ | -0.032***<br>(-4.23) | -0.035***<br>(-3.25) | -0.042***<br>(-4.02) | -0.023***<br>(-2.95) |
| $Sale * D\_Dummy_{i,t} * CS_{i,t}$ | 0.006<br>(3.41) | 0.015<br>(3.52) | 0.017***<br>(3.74) | 0.013***<br>(4.17) |
| $Capint_{i,t}$ | | -0.029<br>(-1.03) | | -0.005<br>(-1.38) |
| $Labint_{i,t}$ | | -0.072***<br>(-5.14) | | -0.159***<br>(-4.98) |
| $Ld_{i,t}$ | | 0.002***<br>(3.02) | | 0.006***<br>(2.64) |
| $\Delta GDP_{i,t}$ | | -0.034***<br>(-3.36) | | -0.059***<br>(-6.52) |
| $constant$ | 0.028***<br>(5.83) | 0.049***<br>(6.92) | 0.031***<br>(3.85) | 0.042***<br>(3.41) |
| 行业效应 | yes | yes | yes | yes |
| 年份效应 | yes | yes | yes | yes |
| 地区效应 | yes | yes | yes | yes |
| N | 10934 | 10934 | 7336 | 7336 |
| $Adj\_R^2$ | 0.437 | 0.386 | 0.497 | 0.562 |
| F 值 | 34.12 | 36.32 | 27.65 | 28.63 |

2. 不同高管任期的企业的高管货币薪酬比重对成本粘性的影响

本书将企业高管任职期限中位数视作样本区分的依据，分析不同高管任期的企业的货币薪酬比重对成本粘性的影响。检验结果如表 7-5 所示，当高管任期小于中位数时，核心解释变量 $Sale*D\_Dummy_{i,t}*CS_{i,t}$ 的系数在 1%水平上显著，这表明当中国上市企业高管任职时间较短时，其货币薪酬比重对企业成本粘性有重要影响；当高管任期大于中位数时，核心解释变量 $Sale*D\_Dummy_{i,t}*CS_{i,t}$ 的系数不显著，这表明当中国上市企业高管任职时间较长时，其货币薪酬比重对企业成本粘性的影响不大。以上回归结果表明，把高管任职期限视作分样本检验的标准，高管任职期限越长的企业，高管货币薪酬比重对成本粘性产生的影响越不显著，这是由于尽管较长的任职期限可以使高管获得更多的工作经验，对企业发展极为有益，然而当任职期限较长时，高管极易通过自利投机行为提升收益，谋取一己之私，并在企业之中建立战略同盟，利用自身的影响力来制约董事会获得最大化收益，侵害了股东的合法权益。因此，任职期限较长很容易使高管持有的权力更多，此时高管会增加一些与主营业务关系不大的多样投资，这种无目的性、无规划的投资会减少企业价值，然而高管却可以从中谋得很多个人利益，以此来弥补运营环境不够明确使自身面临的亏损。所以，与高管任期较长的企业相比，高管任期较短的企业的高管货币薪酬中短期货币薪酬所占比重越高，降低成本粘性作用越显著，验证了假设 12。

**表 7-5 不同高管任期的企业的货币薪酬比重对成本粘性影响的回归结果**

| 变量 | 高管任期短 | | 高管任期长 | |
|---|---|---|---|---|
| | (1) | (2) | (3) | (4) |
| $Sale$ | 0.474***<br>(3.56) | 0.502***<br>(4.35) | 0.431***<br>(3.62) | 0.496***<br>(4.95) |
| $Sale*D\_Dummy_{i,t}$ | -0.036***<br>(-6.95) | -0.021***<br>(-4.52) | -0.049***<br>(-3.84) | -0.039***<br>(-7.36) |
| $Sale*D\_Dummy_{i,t}*CS_{i,t}$ | 0.051***<br>(8.09) | 0.095***<br>(6.42) | 0.039<br>(0.97) | 0.071<br>(0.85) |

续表

| 变量 | 高管任期短 | | 高管任期长 | |
|---|---|---|---|---|
| | (1) | (2) | (3) | (4) |
| $Capint_{i,t}$ | | -0.417***<br>(-3.69) | | -0.236***<br>(-4.03) |
| $Labint_{i,t}$ | | -0.034***<br>(-5.68) | | -0.041***<br>(-5.53) |
| $Ld_{i,t}$ | | 0.026***<br>(-3.32) | | 0.017***<br>(-3.29) |
| $\Delta GDP_{i,t}$ | | -0.168***<br>(-3.69) | | -0.279***<br>(-3.58) |
| constant | 0.082***<br>(5.83) | 0.074***<br>(5.41) | 0.073***<br>(4.69) | 0.082***<br>(3.14) |
| 行业效应 | yes | yes | yes | yes |
| 年份效应 | yes | yes | yes | yes |
| 地区效应 | yes | yes | yes | yes |
| N | 13171 | 13171 | 5099 | 5099 |
| $Adj\_R^2$ | 0.455 | 0.462 | 0.457 | 0.395 |
| F 值 | 47.25 | 34.67 | 43.84 | 35.09 |

3. 不同透明度的企业的高管货币薪酬比重对成本粘性的影响

在表7-6中，以企业透明度为划分标准，按照其中位数进行分组，分析不同透明度的企业的高管货币薪酬比重对成本粘性的影响。检验结果如表7-6所示，当企业透明度小于中位数时，核心解释变量 $Sale * D\_Dummy_{i,t} * CS_{i,t}$ 的系数不显著，这表明当中国上市企业的透明度较低时，高管货币薪酬比重对企业成本粘性的影响不大。当企业透明度大于中位数时，核心解释变量 $Sale * D\_Dummy_{i,t} * CS_{i,t}$ 的系数在1%水平上显著，表明透明度较高的企业的高管货币薪酬中短期薪酬所占比重越高，降低成本粘性的作用越有效。高管货币薪酬比重对企业成本粘性作用明显。较低的企业透明度会加重企业内部和外部的信息不对称程度，而企业精准、如实披露信息，一方面有助于提升资源分配效率，另一方面可以减少企业资金筹集成本，约束高管操控盈余的行为，增加企业信息公开化程度，消除信息不对称现象，制约高管的机会主义倾向，降低企业风险产生的概率，所以，与透明度较低的企业相比，透明度较高的企业的高管货币薪酬中短期薪酬所占比重越高，降低成本粘性的作用越有效，验证了假设 13。

**表 7-6　不同透明度的企业的高管货币薪酬比重对成本粘性影响的回归结果**

| 变量 | 企业透明度低 | | 企业透明度高 | |
|---|---|---|---|---|
| | (1) | (2) | (3) | (4) |
| *Sale* | 0.425***<br>(3.25) | 0.447***<br>(4.93) | 0.562***<br>(5.52) | 0.521***<br>(5.28) |
| $Sale * D\_Dummy_{i,t}$ | −0.035***<br>(6.69) | −0.026***<br>(4.25) | −0.045***<br>(4.84) | −0.036***<br>(4.26) |
| $Sale * D\_Dummy_{i,t} * CS_{i,t}$ | 0.025<br>(1.28) | 0.031<br>(1.35) | 0.075***<br>(6.92) | 0.042***<br>(7.29) |
| $Capint_{i,t}$ | | 0.448***<br>(5.26) | | 0.468***<br>(5.49) |
| $Labint_{i,t}$ | | −0.027***<br>(−7.46) | | −0.036***<br>(−6.62) |
| $Ld_{i,t}$ | | 0.312***<br>(4.65) | | 0.495***<br>(4.83) |
| $\Delta GDP_{i,t}$ | | −0.301***<br>(−4.49) | | −0.172***<br>(−6.21) |
| *constant* | 0.007***<br>(4.02) | 0.023***<br>(3.58) | 0.028***<br>(4.15) | 0.024***<br>(4.56) |
| 行业效应 | yes | yes | yes | yes |
| 年份效应 | yes | yes | yes | yes |
| 地区效应 | yes | yes | yes | yes |
| N | 12851 | 12851 | 5419 | 5419 |
| $Adj\_R^2$ | 0.481 | 0.425 | 0.409 | 0.314 |
| F 值 | 31.78 | 39.25 | 41.73 | 55.56 |

## 第五节　稳健性检验

前文的检验可能存在内生性，和第五章类似，采用 IV-2SLS 克服内生性，选取样本企业上一任高管的货币薪酬比重（数据来源于国泰安数据库）为工具变量，因为上一任高管货币薪酬比重能够显著影响当期成本粘性，而本期高管的货币薪酬比重和同行高管平均货币薪酬比重、高管自身特征直接相关，受上一任高管的货币薪酬比重的影响不大，所以符合工具变量的选取条件。表 7-7 显示了检验结果，检验结果和前文基本一致，前文假设成立。

表 7-7　稳健性检验（内生性检验）

| 变量 | (1) | (2) | (3) |
|---|---|---|---|
| *Sale* | 0.641<br>(1.14) | 0.505<br>(1.19) | 0.557<br>(1.32) |
| $Sale*D\_Dummy_{i,t}$ | −0.034***<br>(−5.24) | −0.028***<br>(−3.05) | −0.031***<br>(−3.41) |
| $Sale*D\_Dummy_{i,t}*CS_{i,t}$ | 0.019***<br>(4.05) | 0.036***<br>(3.98) | 0.041***<br>(5.24) |
| $Capint_{i,t}$ | | | −0.059**<br>(−4.19) |
| $Labint_{i,t}$ | | | −0.054**<br>(−5.17) |
| $Ld_{i,t}$ | | | 0.008**<br>(3.48) |
| $\Delta GDP_{i,t}$ | | | −0.059**<br>(−5.02) |
| *constant* | 0.083**<br>(5.48) | 0.096***<br>(6.08) | 0.065***<br>(5.94) |
| 行业效应 | no | yes | yes |
| 年份效应 | no | yes | yes |
| 地区效应 | no | yes | yes |

续表

| 变量 | (1) | (2) | (3) |
|---|---|---|---|
| N | 18270 | 18270 | 18270 |
| $Adj\_R^2$ | 0.349 | 0.472 | 0.441 |
| F值 | 25.57 | 27.04 | 38.75 |

## 小结

本书以国泰安数据库2008~2016年A股上市企业面板数据为研究样本，通过研究发现：高管货币薪酬比重会影响上市企业成本粘性，高管货币薪酬中短期货币薪酬所占比重越高，对成本粘性的降低作用越有效；进一步地，与国有企业相比，民营企业高管货币薪酬中短期货币薪酬所占比重越高，对成本粘性的降低作用越明显；与高管任期较长的企业相比，高管任期较短的企业的高管货币薪酬中短期货币薪酬所占比重越高，降低成本粘性的作用越显著；与企业透明度较低的企业相比，透明度较高的企业的高管货币薪酬中短期薪酬所占比重越高，降低成本粘性的作用越有效。

当企业业务量减少时，成本粘性展现了企业高管的不同成本决策，企业的发展阶段不同，所适合的成本粘性程度也不同，所以成本粘性本身并没有好坏之分。本书只对高管货币薪酬比重对企业成本变化的影响进行分析和研究，但是成本粘性具有复杂性，仍有待诸多学者的深入探讨，例如，高管其他方面的特性，如性别、年龄、学历与成本粘性的关系和相互作用。另外，企业到底需要什么水平下的成本粘性，也就是说，企业绩效对成本粘性水平具有怎样的影响也有待我们的分析研究。

# 第八章

# 结论及建议

现阶段，对成本粘性问题及其影响要素进行深入研究逐渐成为成本管理会计领域非常关键的一大分支。成本理论认为，成本的水平和变动与业务量和收入的变化程度有关，但较少关注成本的变动方向和变化速度。这种理论是理想状态下的，它仅考虑到业务量对成本变化的影响，并未将其他影响要素考虑在内，如高管决策与将来需要的不确定性等。然而整体来说，成本粘性这一概念是对早期成本管理理论所做的有益创新，它指出不仅销售收入变化会对企业成本变化产生一定的影响，并且销售收入变化方向同样和企业成本变化速度产生密不可分的关系。孙铮和刘浩（2004）最先围绕成本粘性问题进行了深入研究，结论显示，和西方国家的企业一样，中国企业同样存在成本粘性。虽然后来学者们对这一领域所做的研究逐渐完善和成熟，但多由企业治理与行业特点等层面入手来研究这些影响要素对成本粘性产生的影响，鲜有学者对高管货币薪酬等影响高管决策的要素对成本粘性产生的影响进行深入研究。本书选取国泰安数据库中 A 股上市企业 2008~2016 年面板数据，通过对国内外文献进行归纳和梳理，深入分析了成本粘性问题的客观存在与高管货币薪酬对成本粘性产生的影响，并利用上市公司数据进行验证，进而得出了研究结论。

## 第一节　研究结论

### 一、我国上市企业成本存在粘性特征

本书首先研究了上市企业成本和销售收入的变动关系，验证了当销售收

入变化时，成本的边际变化率产生不对称性，即边际下降率小于边际上升率。这个结论也和大部分学者获取的经验证据基本一致。考虑到机会主义的存在，高管会产生某种自利倾向和动因，如果企业销售收入明显增长，那么高管对未来的预期会保持乐观心理，扩大生产规模，导致企业成本上升；而在营业收入下降时，企业成本下降比例放缓，引发了成本粘性问题。基于国泰安数据库的2008~2016年我国上市企业的面板数据，通过实证分析，得到了我国上市企业成本存在粘性特征的经验证据，获取了我国上市企业成本粘性存在的影响机制。

## 二、高管货币薪酬对上市企业成本粘性的影响

（1）高管货币薪酬水平对企业成本粘性有重要影响，高管货币薪酬水平越高，越有利于成本粘性的降低。企业所有权与经营权相分离，导致高管与股东之间存在委托代理问题。如果高管货币薪酬水平较低，那么高管就会想方设法寻求其他福利，如通过在职消费弥补较低的薪酬水平。在这一背景下，当企业业务量下降时，高管不希望缩减对企业成本的投资，成本的边际下降率会小于边际上升率。

研究结果显示：高管货币薪酬水平对企业成本粘性有重要影响，高管货币薪酬水平越高，越有利于成本粘性的降低。与国有企业相比，民营企业高管货币薪酬水平越高，对成本粘性的降低作用越明显；与高管任期较长的企业相比，高管任期较短的企业的高管货币薪酬水平越高，对成本粘性的降低作用越显著；与透明度较低的企业相比，透明度较高的企业的高管货币薪酬水平越高，对成本粘性的降低作用越有效。

（2）高管货币薪酬差距会影响上市企业的成本粘性，差距越大，越有利于降低成本粘性。锦标赛理论认为，高管货币薪酬水平与其绝对业绩没有直接关系，而取决于其业绩在所有高管中的排名。高管的努力程度极易遭受自身与上级高管货币薪酬水平差距的影响。薪酬差距越大，高管就会越努力，这主要是因为低层次的高管得到晋升就能获取超额报酬，为了能够获得升职加薪的机会，他们便会全身心地投入到工作之中。因此，有必要提高高管彼此之间的货币薪酬差距，调动其工作积极性，使之不断拼搏，真正地监管其

他员工的工作，关注企业运营状况与绩效水平。使其在业务量降低时快速对成本进行削减，弱化成本粘性表现。

研究结果显示：高管货币薪酬差距会影响上市企业的成本粘性，差距越大，越有利于降低成本粘性。与国有企业相比，民营企业的高管货币薪酬差距越大，对成本粘性的降低作用越明显；与高管任期较长的企业相比，高管任期较短的企业的高管货币薪酬差距越大，对成本粘性的降低作用越显著；与透明度较低的企业相比，透明度较高的企业的高管货币薪酬差距越大，对成本粘性的降低作用越有效。

（3）高管货币薪酬比重会影响上市企业成本粘性，高管货币薪酬中短期货币薪酬所占比重越高，对成本粘性的降低作用越有效。高管的决策通常会受到高管货币薪酬比重的影响，当高管货币薪酬体系中货币性比重较高时，高管就会以短期业绩目标为努力方向，在进行项目投资时，高管通常会延迟成本的投入，进而降低企业的成本，达到提高业绩水平的目的。一旦企业的业务量出现下滑，高管为了避免对自己的薪酬产生影响，通常会选择调节成本的方式减少企业当期的成本支出。当高管货币薪酬体系中股权性薪酬所占比重较高时，企业的未来业绩和高管的个人利益具有极为密切的关联，此时高管就会从企业长远发展目标来做出经营管理决策，在确定是否对当前的成本进行调整时，高管通常会对业务量和成本之间的平衡关系进行分析，这种方式就会提高企业的成本粘性。高管所做出的决策不同，企业的成本粘性也会存在较大的差异性，因此企业成本粘性将会受到高管货币薪酬比重的巨大影响。

研究结果显示：高管货币薪酬比重会影响上市企业成本粘性，高管货币薪酬中短期货币薪酬所占比重越高，对成本粘性的降低作用越明显。与国有企业相比，民营企业高管货币薪酬比重中短期货币薪酬所占比重越高，对成本粘性的降低作用越明显；与高管任期较长的企业相比，高管任期较短的企业中，高管货币薪酬中短期货币薪酬比重越高，降低成本粘性的作用越显著；与透明度较低的企业相比，透明度较高的企业的高管货币薪酬中短期薪酬所占比重越高，对成本粘性的降低作用越明显。

## 第二节 政策建议

本书由上市企业面板数据入手，对上市企业高管货币薪酬三个层面（水平、差距与比重）对成本粘性产生的影响进行了深入剖析，最终获得的实证结果和预测基本统一。在笔者看来，对高管货币薪酬激励来说，为实现真正的管控，降低企业成本粘性，降低企业成本，提高企业效益，企业在运营管理时，应当由下面几点入手做出调整：

### 一、完善高管货币薪酬激励制度

本书由高管货币薪酬激励的视角入手，对高管决策行为对企业成本产生的影响进行了研究，认为缓和委托代理问题的一个重要方法就是给高管提供一些适当的激励。研究结果显示，高管货币薪酬水平、高管货币薪酬差距和高管货币薪酬比重存在负相关关系，所以，为降低成本粘性，并使成本管理的效率得到提高，就需要对现在的高管货币薪酬体系进行改变，进而使短期货币薪酬和股权薪酬共同组成的多样高管货币薪酬系统更为合理、完善。另外，也要对考评根据、标准、惩罚与奖励举措做出清晰规定。可以通过提升高管货币薪酬水平，确保高管能够由企业目前的绩效现状入手，有目的地对成本投资行为进行调整。对企业而言，为高管提供适宜的薪酬并维持一定差距必不可少，这是由于维持管理人员薪酬差距会形成一定的激励作用，能够鼓励高管对企业目前的绩效给予足够的关注。此外，为确保高管货币薪酬激励系统更为完善，企业必须要考虑到其面对的内部与外部发展环境，进而明确恰当的标准。虽然研究结果显示，高管货币薪酬水平、高管货币薪酬差距和短期货币薪酬比重都与成本粘性产生负相关关系，但是这并不意味着高管货币薪酬越高就一定越好。无节制地提升高管货币薪酬水平，极易造成企业负担巨额的人力资源成本。过大的高管货币薪酬差距极易导致低层级管理人员出现不满情绪，甚至从企业辞职，使普通高管失去奋斗的动力，因此优化和调整高管货币薪酬激励机制时，为提升企业整体成本管控效率，必须要考虑各种影响要素对薪酬政策产生的影响。

## 二、改革企业治理结构和改善薪酬委员会制度

制约如同激励一样，可以消除或化解委托代理问题。高管拥有决策权，从目前的情况来看，国内上市企业高管在薪酬决策中的谈判能力还是比较强的，所以在构建有效的高管货币薪酬激励体系时，要尽量减少高管在货币薪酬决策中的参与程度，以免有些高管在构建薪酬机制时只从实现个人利益最大化的角度考虑。所以，为健全企业治理架构，对薪酬政策的制约机制实施变革必不可少。例如，可通过提升独立董事占比来化解或消除内部人控制所形成的负面影响，也可通过构建完善的薪酬委员会机制来规避企业高管的自利投机行为，消除其谋得一己之私的可能性。薪酬委员会内部成员应当加入一些企业独立董事，在划分职责时，要给予独立董事在高管货币薪酬设计、高管监管机制方面相应的权力，并确保这些权力不会流于形式，真正维持其独立性。薪酬委员会最为主要的任务在于补充与完善高管货币薪酬机制，对高管权力做出必要的限制，根据企业发展现状编制行之有效的高管货币薪酬激励政策，提升企业管理效率。

## 三、完善信息披露制度

高管与股东间存在各种各样的委托代理问题，原因在于双方获取信息的程度不同，存在信息不对称问题，信息透明化程度较低。目前相关监督部门并未对上市企业高管货币薪酬激励机制的构建、具体支付形式、组成、信息披露等做出强制规定。笔者通过整合相关数据了解到，很多高管货币薪酬信息既不完善也不全面，这在一定程度上使高管进行自利的投机行为有了可行性。因此，如果想确保上市企业高管货币薪酬机制发挥出应有的激励和约束作用，必须增加高管货币薪酬相关信息的透明度，从而使高管的成本投资决策效率明显提升，切实加强企业的成本管理能力。

# 第三节 研究局限性

本书主要针对上市企业的高管货币薪酬激励对上市企业成本粘性的影响问题进行了研究，尽管详细地考虑了研究对象和方式选取、模型设计、解释变量明确、制约变量选取、信息数据处置等诸多层面存在的问题，投入了很多时间和精力，但是由于笔者能力有限，本书依旧存在诸多不足之处。

第一，本书基于前期学者研究成果，将成本粘性最明显的上市企业视作研究对象，深入分析了高管货币薪酬激励与成本粘性之间存在的关系。但总体来说，选择的样本并不全面，对于上市企业获得的结论是否可以适用在其他非上市企业，依旧需要做深入的研究。未来可由非上市企业入手，将其考虑在内，细致研究高管货币薪酬对成本粘性水平产生的不同影响。

第二，本书借鉴了其他学者获得的研究成果，将高管货币薪酬划分成两种：短期货币薪酬和长期股权薪酬。这类划分形式存在明显的缺陷，原因在于薪酬一般包括隐性薪酬和显性薪酬两类。本书对薪酬结构所做的区分并未将隐性要素，如在职消费等考虑在内。

第三，本书选取了三项指标来计量高管的货币薪酬激励，并就其对成本粘性产生的影响进行了研究。然而这三个指标也许会出现相违背的状况，从而可能会影响到本书研究结果的稳健性。

第四，企业成本粘性水平是高管在面对业务量出现变化时做出的决策所形成的结果。不同发展阶段、不同行业的企业适用于不同程度的成本粘性水平。如果企业未来发展前景乐观，则在企业业务量下降时，高管可以忍耐水平极高的成本粘性，不会缩减成本投入，这可能是由于这类成本可以在将来企业业务量明显上涨时为企业创造巨额的利润。总体来说，成本粘性这一崭新的课题涉及的内容非常复杂，但本书仅仅对高管货币薪酬对成本粘性产生的影响进行了深入研究，期待为企业改革高管货币薪酬激励机制、提升成本管理效率提供些许新的思路，但成本粘性的水平到底要达到哪种程度才能与企业发展现状完全适应，也就是说，成本粘性水平与企业绩效变动存在的关系，同样是非常有意义的研究课题，可以作为未来研究的方向。高管如果想削弱企业成本粘性程度，实现提升成本管理效率的目标，只是简单地从高管货币薪酬视角着手加以调整是远远不够的。所以，对其他因素对成本粘性的影响的继续研究是很有必要的。

尽管本书存在一定的局限性，但本书的研究结论依然对我国上市企业成本粘性现象的普遍存在和高管货币薪酬对成本粘性产生的影响进行了客观的反映，进一步深化了相关的理论研究，为建立和完善企业高管货币薪酬激励体系提供了帮助。

# 参考文献


［1］白云霞，吴联生．信息披露与国有股权私有化中的盈余管理［J］．会计研究，2008（10）：37-45.

［2］步丹璐，文彩虹．成本粘性和盈余稳健性的衡量［J］．会计研究，2016（1）：31-37.

［3］曹晓雪，于长春，周泽将．费用“粘性”研究：来自中央企业的经验证据［J］．产业经济研究，2009（1）：40-46.

［4］陈冬华，陈信元，万华林．国有企业中的薪酬管制与在职消费［J］．经济研究，2005（2）：92-101.

［5］陈菊花，隋姗姗，王建将．薪酬管制降低了高管的激励效率吗？——基于迎合效应的薪酬结构模型分析［J］．南方经济，2011（10）：38-46.

［6］陈磊，宋乐，施丹．企业的成本粘性被高估了吗？基于中国上市企业的实证研究［J］．中国会计评论，2012（1）：3-16.

［7］柴才，黄世忠，叶钦华．竞争战略、高管薪酬激励与公司业绩——基于三种薪酬激励视角下的经验研究［J］．会计研究，2017（6）：45-52，96.

［8］丁永健，王倩，刘培阳．红利上缴与国有企业高管激励——基于多任务委托代理的研究［J］．中国工业经济，2013（1）：116-127.

［9］耿云江，王明晓．超额在职消费、货币薪酬业绩敏感性与媒体监督——基于中国上市公司的经验证据［J］．会计研究，2016（9）：55-61.

［10］龚启辉，刘慧龙，申慧慧．地区要素市场发育，国有控股与成本和费用粘性［J］．中国会计评论，2010（4）：431-446.

［11］江伟，胡玉明．企业成本费用粘性：文献回顾与展望［J］．会计研究，2011（9）：74-79.

[12] 江伟，胡玉明，吕喆．应计盈余管理影响企业的成本粘性吗［J］．南开管理评论，2015（2）：83-91.

[13] 江伟，姚文韬，胡玉明．融资约束与企业成本粘性［J］．会计研究，2015（10）：133-147.

[14] 孔玉生，朱乃平，孔庆根．成本粘性研究：来自中国上市公司的经验证据［J］．会计研究，2007（11）：58-65，96.

[15] 梁上坤．股权集中度与成本费用粘性［J］．经济研究，2013（1）：144-155.

[16] 梁上坤，陈冬，胡晓莉．外部审计师类型与上市企业费用粘性［J］．会计研究，2015（2）：79-86.

[17] 梁上坤．高管过度自信，债务约束与成本粘性［J］．南开管理评论，2015（3）：122-131.

[18] 梁上坤．长期薪酬激励强度是否会影响企业费用黏性［J］．世界经济，2016（6）：168-192.

[19] 梁上坤．媒体关注，信息环境与企业费用粘性［J］．中国工业经济，2017（2）：154-173.

[20] 廖红伟，杨良平．国有企业高管薪酬激励机制深化改革研究［J］．财经问题研究，2017（1）：108-114.

[21] 刘彦文，王玉刚．中国上市企业费用粘性行为实证分析［J］．管理评论，2009，21（3）：98-106.

[22] 刘媛媛，刘斌．劳动保护、成本粘性与企业应对［J］．经济研究，2014（5）：63-76.

[23] 刘浩，许楠，张然．多业绩指标竞争与事前谈判：高管薪酬合约结构的新视角［J］．管理世界，2014（6）：110-125.

[24] 刘慧龙，齐云飞，王成方．金字塔集团不同层级公司成本粘性差异及其成因的实证分析［J］．会计研究，2017（7）：82-88，97.

[25] 吕长江，赵宇恒．国有企业高管激励效应研究——基于高管权力的解释［J］．管理世界，2008（11）：99-109.

[26] 吕长江，郑慧莲，严明珠，许静静．上市公司股权激励制度设计：是激励还是福利？［J］．管理世界，2009（9）：133-147.

[27] 李文贵，余明桂. 所有权性质、市场化进程与企业风险承担 [J]. 中国工业经济，2012（12）：115-127.

[28] 马连福，王元芳，沈小秀. 国有企业党组织治理、冗余雇员与高管薪酬契约 [J]. 管理世界，2013（5）：100-115.

[29] 权小锋，吴世农，文芳. 管理层权力、私有收益与薪酬操纵 [J]. 经济研究，2010（11）：73-87.

[30] 祁怀锦，邹燕. 高管薪酬外部公平性对代理人行为激励效应的实证研究 [J]. 会计研究，2014（3）：26-32，95.

[31] 孙铮，刘浩. 中国上市公司费用"粘性"行为研究 [J]. 经济研究，2004（12）：26-34.

[32] 孙维章，王灿，干胜道. 高管薪酬激励与费用粘性克服 [J]. 经济经纬，2016（5）：96-101.

[33] 唐跃军，李维安. 大股东对治理机制的选择偏好研究——基于中国企业治理指数 [J]. 金融研究，2009（6）：72-85.

[34] 万寿义，徐圣男. 中国上市公司费用粘性行为的经验证据——基于上市公司实质控制人性质不同的视角 [J]. 审计与经济研究，2012，27（4）：79-86.

[35] 王明虎，席彦群. 产权治理，自由现金流量和企业费用粘性 [J]. 商业经济与管理，2011（9）：68-73.

[36] 王新，蒲勇，赵峰. 国有企业高管薪酬管制对会计信息透明度的影响研究 [J]. 经济体制改革，2014（1）：106-110.

[37] 王新，李彦霖，李方舒. 企业社会责任与高管薪酬激励有效性研究——战略性动机还是卸责借口？[J]. 会计研究，2015（10）：51-58.

[38] 王珏玮，唐建新，孔墨奇. 公司并购、盈余管理与高管薪酬变动 [J]. 会计研究，2016（5）：56-62，96.

[39] 谢获宝，惠丽丽. 代理问题，企业治理与企业成本粘性——来自我国制造业企业的经验证据 [J]. 管理评论，2014（12）：142-159.

[40] 谢获宝，惠丽丽. 成本粘性、公司治理与高管薪酬业绩敏感性 [J]. 管理评论，2017（3）：110-125.

[41] 徐晓东，张天西. 企业治理，自由现金流与非效率投资 [J]. 财经

研究，2009（10）：47-58.

［42］夏宁，董艳．高管薪酬、员工薪酬与公司的成长性——基于中国中小上市公司的经验数据［J］．会计研究，2014（9）：89-95，97.

［43］余明桂，李文贵，潘洪波．民营化、产权保护与企业风险程度［J］．经济研究，2013（9）：112-124.

［44］曾颖，陆正飞．信息披露质量与股权融资成本［J］．经济研究，2006（2）：69-79.

［45］张宗新，杨飞，袁庆海．上市公司信息披露质量提升能否改进公司绩效？——基于2002-2005年深市上市公司的经验证据［J］．会计研究，2007（10）：16-25.

［46］张金若，辛清泉，童一杏．公允价值变动损益的性质及其后果——来自股票报酬和高管薪酬视角的重新发现［J］．会计研究，2013（8）：17-23，96.

［47］张璇，郑乔乔，赵惠芳．内部控制对国有企业高管薪酬业绩敏感性的影响研究——基于国有企业分类改制的背景［J］．华东经济管理，2017（1）：115-125.

［48］赵息，李粮．国有企业高管薪酬结构对费用粘性的影响研究［J］．中南财经政法大学学报，2012（4）：114-120.

［49］周仁俊，杨战兵，李礼．管理层激励与企业经营业绩的相关性——国有与非国有控股上市公司的比较［J］．会计研究，2010（12）：69-75.

［50］周兵，钟廷勇，徐辉，等．企业战略、管理者预期与成本粘性——基于中国上市公司经验证据［J］．会计研究，2016（7）：58-65，97.

［51］Abel A B，Eberly J C. A unified model of investment under uncertainty［J］. The American Economic Review，1994，84（5）：1369-1384.

［52］Adams R B，Mehran H. Corporate performance，board structure and its determinants in the banking industry［R］. Federal Reserve Bank of New York Staff Reports，2008.

［53］Anderson M C，Banker R D，Janakiraman S N. Are selling，general，and administrative costs "sticky"?［J］. Journal of Accounting Research，2003，41（1）：47-63.

［54］Anderson M，Banker R，Huang R，et al. Cost behavior and fundamental analysis of SG&A costs [J]. Journal of Accounting, Auditing & Finance, 2007, 22 (1): 1-28.

[55] Anderson, Shannon W, Lanen, William N. Understanding cost management: What can we learn from the evidence on "sticky costs"? [R]. Social Science Electronic Publishing, 2007.

[56] Arye B L, Fried J M. Executive Compensation as an Agency Problem [J]. The Journal of Economic Perspectives, 2003, 17 (3): 71-92.

[57] Atiase R, Mayew W J, Xue Y. Institutional monitoring and corporate restructurings [R]. Social Science Electronic Publishing, 2006.

[58] Baber W R, Fairfield P M, Haggard J A. The effect of concern about reported income on discretionary spending decisions: The case of research and development [J]. The Accounting Review, 1991, 66 (4): 818-829.

[59] Balakrishnan R, Gruca T S. Cost stickiness and core competency: A note [J]. Contemporary Accounting Research, 2008, 25 (4): 993-1006.

[60] Balakrishnan R, Labro E, Soderstrom N S. Cost structure and sticky costs [J]. Journal of Management Accounting Research, 2014, 26 (2): 91-116.

[61] Balakrishnan R, Petersen M J, Soderstrom N S. Does capacity utilization affect the "stickiness" of cost? [J]. Journal of Accounting, Auditing & Finance, 2014, 19 (3): 283-300.

[62] Ball R, Kothari S P, Nikolaev V V. On estimating conditional conservatism [J]. The Accounting Review, 2012, 88 (3): 755-787.

[63] Banker R D, Basu S, Byzalov D. Asymmetries in cost-volume-profit relation: Cost stickiness and conditional conservatism [R]. SSRN Electronic Journal, 2013.

[64] Banker R D, Basu S, Byzalov D, et al. The confounding effect of cost stickiness on conservatism estimates [J]. Journal of Accounting and Economics, 2016, 61 (1): 203-220.

[65] Banker R D, Byzalov D, Chen L T. Employment protection legislation, adjustment costs and cross-country differences in cost behavior [J]. Journal of Ac-

counting and Economics, 2013, 55 (1): 111-127.

[66] Banker R D, Byzalov D, Ciftci M, et al. The moderating effect of prior sales changes on asymmetric cost behavior [J]. Journal of Management Accounting Research, 2014, 26 (2): 221-242.

[67] Banker R D, Byzalov D, Plehn-Dujowich J M. Sticky cost behavior: Theory and evidence [R]. Social Science Electronic Publishing, 2011.

[68] Banker R D, Byzalov D, Threinen L. Determinants of international differences in asymmetric cost behavior [J]. SSRN Electronic Journal, 2013, 13 (2): 179-181.

[69] Banker R D, Byzalov D. Asymmetric cost behavior [J]. Journal of Management Accounting Research, 2014, 26 (2): 43-79.

[70] Banker R D, Chen L. Predicting earnings using a model based on cost variability and cost stickiness [J]. The Accounting Review, 2006, 81 (2): 285-307.

[71] Banker R D, Mustafa Ciftci, Raj Mashruwala. Managerial Optimism, Prior Period Sales Changes, and Sticky Cost Behavior [J]. SSRN Electronic Journal, 2008 (1): 1-54.

[72] Banker R D, Fang S. Loan Financing and Real Cost Management [R]. SSRN Electronic Journal, 2013.

[73] Banker R D, Huang R, Natarajan R. Equity incentives and long-term value created by SG&A expenditure [J]. Contemporary Accounting Research, 2011, 28 (3): 794-830.

[74] Banker R D, Johnston H H. An empirical study of cost drivers in the U. S. airline industry [J]. Accounting Review: A Quarterly Journal of the American Accounting Association, 1993, 68 (3): 576-601.

[75] Barberis N, Shleifer A, Vishny R. A model of investor sentiment [J]. Journal of Financial Economics, 1998, 49 (3): 307-343.

[76] Bartov E, Cohen D A. The "Numbers Game" in the pre-and post-Sarbanes-Oxley eras [J]. Journal of Accounting, Auditing & Finance, 2009, 24 (4): 505-534.

[77] Basu S. The conservatism principle and the asymmetric timeliness of earnings [J]. Journal of Accounting and Economics, 1997, 24 (1): 3-37.

[78] Beasley M S. An empirical analysis of the relation between the board of director composition and financial statement fraud [J]. The Accounting review, 1996, 71 (4): 443-465.

[79] Bebchuk L A, Cohen A. The costs of entrenched boards [J]. Journal of Financial Economics, 2005, 78 (2): 409-433.

[80] Bebchuk L, Cohen A, Ferrell A. What matters in corporate governance? [J]. The Review of Financial Studies, 2008, 22 (2): 783-827.

[81] Belsley D A, Kuh E, Welsch R E. Regression diagnostics — identifying influential data and sources of collinearity [J]. Journal of the Operational Research Society, 1981, 32 (2): 157-158.

[82] Bentolila S, Bertola G. Firing costs and labour demand: How bad is eurosclerosis? [J]. The Review of Economic Studies, 1990, 57 (3): 381-402.

[83] Berger P G, Ofek E, Yermack D L. Managerial entrenchment and capital structure decisions [J]. The Journal of Finance, 1997, 52 (4): 1411-1438.

[84] Bertrand M, Mullainathan S. Enjoying the quiet life? Corporate governance and managerial preferences [J]. Journal of Political Economy, 2003, 111 (5): 1043-1075.

[85] Bethel J E, Liebeskind J. The effects of ownership structure on corporate restructuring [J]. Strategic Management Journal, 1993, 14 (S1): 15-31.

[86] Berger P G, Ofek E, Yermack D L. Managerial Entrenchment and Capital Structure Decisions [J]. The Journal of Finance, 1997, 52 (4): 1411-1438.

[87] Bhojraj S, Sengupta P. Effect of corporate governance on bond ratings and yields: The role of institutional investors and outside directors [J]. The Journal of Business, 2003, 76 (3): 455-475.

[88] Bourgeois L J. On the measurement of organizational slack [J]. Academy of Management Review, 1981, 6 (1): 29-39.

[89] Brickley J A, Coles J L, Terry R L. Outside directors and the adoption of poison pills [J]. Journal of Financial Economics, 1994, 35 (3): 371-390.

[90] Burgstahler D, Dichev I. Earnings management to avoid earnings decreases and losses [J]. Journal of Accounting and Economics, 1997, 24 (1): 99-126.

[91] Bushee B J. The influence of institutional investors on myopic R&D investment behavior [J]. The Accounting Review, 1998, 73 (3): 305-333.

[92] Byrd J W, Hickman K A. Do outside directors monitor managers? Evidence from tender offer bids [J]. Journal of Financial Economics, 1992, 32 (2): 195-221.

[93] Calleja K, Steliaros M, Thomas D C. A note on cost stickiness: Some international comparisons [J]. Management Accounting Research, 2006, 17 (2): 127-140.

[94] Cannon J N. Determinants of "sticky costs": An analysis of cost behavior using United States air transportation industry data [J]. The Accounting Review, 2014, 89 (5): 1645-1672.

[95] Chen C X, Gores T, Nasev J. Managerial overconfidence and cost stickiness [J]. Social Science Electronic Publishing, 2013.

[96] Clara Xiaoling Chen, Hai Lu and Theodore Sougiannis. The Agency Problem, Corporate Governance, and the Asymmetrical Behavior of Selling, General, and Administrative Costs [J]. Contempory Accounting Research, 2012, 29 (1): 252-282.

[97] Chen K C W, Chen Z, Wei K C J. Agency costs of free cash flow and the effect of shareholder rights on the implied cost of equity capital [J]. Journal of Financial and Quantitative Analysis, 2011, 46 (1): 171-207.

[98] Cheng S, Indjejikian R J. The market for corporate control and CEO compensation: complements or substitutes? [J]. Contemporary Accounting Research, 2009, 26 (3): 701-728.

[99] Ciftci M, Mashruwala R, Weiss D. Implications of cost behavior for analysts' earnings forecasts [J]. Journal of Management Accounting Research, 2015,

28（1）：57-80.

[100] Cohen D A, Dey A, Lys T Z. Real and accrual-based earnings management in the pre-and post-Sarbanes-Oxley periods [J]. The Accounting Review, 2008, 83（3）：757-787.

[101] Camerer C F, Loewenstein G, Rabin M. Advances in behavioral economics [J]. Princeton University, 2004, 44（3）：694-711.

[102] Core J E, Holthausen R W, Larcker D F. Corporate governance, chief executive officer compensation, and firm performance [J]. Journal of Financial Economics, 1999, 51（3）：371-406.

[103] Core J, Guay W. Estimating the value of employee stock option portfolios and their sensitivities to price and volatility [J]. Journal of Accounting Research, 2002, 40（3）：613-630.

[104] Core J, Guay W. The use of equity grants to manage optimal equity incentive levels [J]. Journal of Accounting and Economics, 1999, 28（2）：151-184.

[105] Daniel K, Hirshleifer D, Subrahmanyam A. Investor psychology and security market under-and overreactions [J]. The Journal of Finance, 1998, 53（6）：1839-1885.

[106] Dasgupta P, Maskin E. Uncertainty and hyperbolic discounting [J]. The American Economic Review, 2005, 95（4）：1290-1299.

[107] Datta D K, Guthrie J P, Basuil D, et al. Causes and effects of employee downsizing: A review and synthesis [J]. Journal of Management, 2010, 36（1）：281-348.

[108] Davidson R, MacKinnon J G. Several tests for model specification in the presence of alternative hypotheses [J]. Econometrica: Journal of the Econometric Society, 1981, 49（3）：781-793.

[109] Dechow P M, Sloan R G, Sweeney A P. Causes and consequences of earnings manipulation: An analysis of firms subject to enforcement actions by the SEC [J]. Contemporary Accounting Research, 1996, 13（1）：1-36.

[110] Dechow P M, Sloan R G. Executive incentives and the horizon

problem: An empirical investigation [J]. Journal of Accounting and Economics, 1991, 14 (1): 51-89.

[111] Denis D K, Shome D K. An empirical investigation of corporate asset downsizing [J]. Journal of Corporate Finance, 2005, 11 (3): 427-448.

[112] Dey A. Corporate governance and agency conflicts [J]. Journal of Accounting Research, 2008, 46 (5): 1143-1181.

[113] Dierynck B, Landsman W R, Renders A. Do managerial incentives drive cost behavior? Evidence about the role of the zero earnings benchmark for labor cost behavior in private Belgian firms [J]. The Accounting Review, 2012, 87 (4): 1219-1246.

[114] Dittmar A, Mahrt-Smith J. Corporate governance and the value of cash holdings [J]. Journal of Financial Economics, 2007, 83 (3): 599-634.

[115] Durtschi C, Easton P. Earnings management? The shapes of the frequency distributions of earnings metrics are not evidence ipso facto [J]. Journal of Accounting Research, 2005, 43 (4): 557-592.

[116] Fairfield P M, Sweeney R J, Yohn T L. Accounting classification and the predictive content of earnings [J]. The Accounting Review, 1996, 71 (3): 337-355.

[117] Fama E F, French K R. Industry costs of equity [J]. Journal of Financial Economics, 1997, 43 (2): 153-193.

[118] Fama E F, MacBeth J D. Risk, return, and equilibrium: Empirical tests [J]. Journal of Political Economy, 1973, 81 (3): 607-636.

[119] Garrison R H, Noreen E W, Brewer P C, et al. Managerial accounting [J]. Issues in Accounting Education, 2010, 25 (4): 792-793.

[120] Gaspar J M, Massa M, Matos P. Shareholder investment horizons and the market for corporate control [J]. Journal of Financial Economics, 2005, 76 (1): 135-165.

[121] Gibbs P A. Determinants of corporate restructuring: The relative importance of corporate governance, takeover threat, and free cash flow [J]. Strategic Management Journal, 1993, 14 (S1): 51-68.

[122] Goodstein J, Gautam K, Boeker W. The effects of board size and diversity on strategic change [J]. Strategic Management Journal, 1994, 15 (3): 241-250.

[123] Graham J R, Harvey C R, Rajgopal S. The economic implications of corporate financial reporting [J]. Journal of Accounting and Economics, 2005, 40 (1): 3-73.

[124] Greene W H. Econometric analysis [M]. Pearson Education India, 2003.

[125] Hamermesh D S, Pfann G A. Adjustment costs in factor demand [J]. Journal of Economic Literature, 1996, 34 (3): 1264-1292.

[126] Hanlon M, Rajgopal S, Shevlin T. Are executive stock options associated with future earnings? [J]. Journal of Accounting and Economics, 2003, 36 (1): 3-43.

[127] Hill C W L, Phan P. CEO tenure as a determinant of CEO pay [J]. Academy of Management Journal, 1991, 34 (3): 707-717.

[128] Hölmstrom B. Moral hazard and observability [J]. The Bell Journal of Economics, 1979, 10 (1): 74-91.

[129] Holzhacker M, Krishnan R, Mahlendorf M D. The impact of changes in regulation on cost behavior [J]. Contemporary Accounting Research, 2015, 32 (2): 534-566.

[130] HOPE O L, Thomas W B. Managerial empire building and firm disclosure [J]. Journal of Accounting Research, 2008, 46 (3): 591-626.

[131] Jensen M C, Meckling W H. Theory of the firm: Managerial behavior, agency costs and ownership structure [J]. Journal of Financial Economics, 1976, 3 (4): 305-360.

[132] Jensen M C, Murphy K J. Performance pay and top-management incentives [J]. Journal of Political Economy, 1990, 98 (2): 225-264.

[133] Jensen M C. Agency costs of free cash flow, corporate finance, and takeovers [J]. The American Economic Review, 1986, 76 (2): 323-329.

[134] Jensen M C. The modern industrial revolution, exit, and the failure of

internal control systems [J]. The Journal of Finance, 1993, 48 (3): 831-880.

[135] Kahneman D, Knetsch J L, Thaler R H. The endowment effect: Evidence of losses valued more than gains [J]. Handbook of Experimental Economics Results, 2008, 1 (7): 939-948.

[136] Kahneman D, Tversky A. Choices, values, and frames [J]. American Psychologist, 1984 (4): 341-350.

[137] Kahneman D. Maps of bounded rationality: Psychology for behavioral economics [J]. The American Economic Review, 2003, 93 (5): 1449-1475.

[138] Kallapur S, Eldenburg L. Uncertainty, real options, and cost behavior: Evidence from Washington state hospitals [J]. Journal of Accounting Research, 2006, 43 (5): 735-752.

[139] Kama I, Weiss D. Do earnings targets and managerial incentives affect sticky costs? [J]. Journal of Accounting Research, 2013, 51 (1): 201-224.

[140] Kanniainen V. Empire building by corporate managers: The corporation as a savings instrument [J]. Journal of Economic Dynamics and Control, 2000, 24 (1): 127-142.

[141] Keung E, Lin Z H, Shih M. Does the stock market see a zero or small positive earnings surprise as a red flag? [J]. Journal of Accounting Research, 2010, 48 (1): 91-121.

[142] Kim M, Prather-Kinsey J. An additional source of financial analysts' earnings forecast errors: Imperfect adjustments for cost behavior [J]. Journal of Accounting, Auditing & Finance, 2010, 25 (1): 27-51.

[143] Klein A. Audit committee, board of director characteristics, and earnings management [J]. Journal of Accounting and Economics, 2002, 33 (3): 375-400.

[144] Konchitchki Y. Inflation and nominal financial reporting: Implications for performance and stock prices [J]. The Accounting Review, 2011, 86 (3): 1045-1085.

[145] Kothari S P. Capital markets research in accounting [J]. Journal of Accounting and Economics, 2001, 31 (1): 105-231.

[146] Laibson D. Golden eggs and hyperbolic discounting [J]. The Quarterly Journal of Economics, 1997, 112 (2): 443-478.

[147] Lang L H P, Stulz R M, Walkling R A. A test of the free cash flow hypothesis: The case of bidder returns [J]. Journal of Financial Economics, 1991, 29 (2): 315-335.

[148] Lant T K, Hurley A E. A contingency model of response to performance feedback: Escalation of commitment and incremental adaptation in resource investment decisions [J]. Group & Organization Management, 1999, 24 (4): 421-437.

[149] Larcker D F, Richardson S A, Tuna I. Corporate governance, accounting outcomes, and organizational performance [J]. The Accounting Review, 2007, 82 (4): 963-1008.

[150] Lazere C. Resisting Temptation: Passion, consolidation and single-minded determination are keeping SG&A lean when record revenues and profits tempt costs and expenses to sneak back in, according to our fourth annual SG&A survey [J]. CFO, 1997, 13: 64-70.

[151] Lev B, Sougiannis T. The capitalization, amortization, and value-relevance of R&D [J]. Journal of Accounting and Economics, 1996, 21 (1): 107-138.

[152] Lev B, Thiagarajan S R. Fundamental information analysis [J]. Journal of Accounting Research, 1993, 31 (2): 190-215.

[153] Lewbel A. Constructing instruments for regressions with measurement error when no additional data are available, with an application to patents and R&D [J]. Econometrica, 1997, 65 (5): 1201-1213.

[154] List J A. Neoclassical theory versus prospect theory: Evidence from the marketplace [J]. Econometrica, 2004, 72 (2): 615-625.

[155] Lorsch J, Young J. Pawns or potentates: The reality of America's corporate boards [J]. The Executive, 1990, 4 (4): 85-87.

[156] Masulis R W, Wang C, Xie F. Corporate governance and acquirer returns [J]. The Journal of Finance, 2007, 62 (4): 1851-1889.

[157] Murphy K J. Corporate performance and managerial remuneration: An empirical analysis [J]. Journal of Accounting and Economics, 1985, 7 (1-3): 11-42.

[158] Newell B R. Judgment under uncertainty [M] . The Oxford Handbook of Cognitive Psychology, 2013.

[159] Noreen E, Smith D, Mackey J T. Theory of constraints and its implications for management accounting: A report on the actual implementation of the theory of constraints [M] . North River Press, Incorporated, 1995.

[160] Noreen E, Soderstrom N. The accuracy of proportional cost models: evidence from hospital service departments [J]. Review of Accounting Studies, 1997, 2 (1): 89-114.

[161] Oded J, Weiss D. Do real economic choices sway asymmetric timeliness of earnings [R] . Tel-Aviv University, Working Paper, 2013.

[162] Oi W Y. Labor as a quasi-fixed factor [J]. Journal of Political Economy, 1962, 70 (6): 538-555.

[163] Perry T, Shivdasani A. Do boards affect performance? Evidence from corporate restructuring [J]. The Journal of Business, 2005, 78 (4): 1403-1432.

[164] Petersen M A. Estimating standard errors in finance panel data sets: Comparing approaches [J]. The Review of Financial Studies, 2009, 22 (1): 435-480.

[165] Rajiv D. Banker, Dmitri Byzalov and Plehn-Dujowich Jose M. Demand uncertainty and cost behavior [R]. Working paper, 2010.

[166] Rajiv D. Banker, Dmitri Byzalov, Mustafa Ciftci and Raj Mashruwala. The Moderating Effect of Prior Sales Changes on Asymmetric Cost Behavior [J]. Journal of Management Accounting Research, 2014, 13: 225-255.

[167] Rajgopal S, Shevlin T, Venkatachalam M. Does the stock market fully appreciate the implications of leading indicators for future earnings? Evidence from order backlog [J]. Review of Accounting Studies, 2003, 8 (4): 461-492.

[168] Rees L, Sivaramakrishnan K. The effect of meeting or beating revenue

forecasts on the association between quarterly returns and earnings forecast errors [J]. Contemporary Accounting Research, 2007, 24 (1): 259-290.

[169] Richardson S. Over-investment of free cash flow [J]. Review of Accounting Studies, 2006, 11 (2-3): 159-189.

[170] Rothschild M. On the cost of adjustment [J]. The Quarterly Journal of Economics, 1971, 85 (4): 605-622.

[171] Roychowdhury S. Earnings management through real activities manipulation [J]. Journal of Accounting and Economics, 2006, 42 (3): 335-370.

[172] Shank J K. Contribution margin analysis: No longer relevant-strategic cost management: The new paradim [J]. Journal of Management Accounting Research, 1990, 2: 1-32.

[173] Sharfman M P, Wolf G, Chase R B, et al. Antecedents of organizational slack [J]. Academy of Management review, 1988, 13 (4): 601-614.

[174] Shleifer A, Vishny R W. A survey of corporate governance [J]. The Journal of Finance, 1997, 52 (2): 737-783.

[175] Shleifer A, Vishny R W. Large shareholders and corporate control [J]. Journal of political economy, 1986, 94 (3): 461-488.

[176] Singh J V. Performance, slack, and risk taking in organizational decision making [J]. Academy of Management Journal, 1986, 29 (3): 562-585.

[177] Stulz R M. Managerial discretion and optimal financing policies [J]. Journal of Financial Economics, 1990, 26 (1): 3-27.

[178] Thaler R. Toward a positive theory of consumer choice [J]. Journal of Economic Behavior & Organization, 1980, 1 (1): 39-60.

[179] Titman S, Wei K C J, Xie F. Capital investments and stock returns [J]. Journal of Financial and Quantitative Analysis, 2004, 39 (4): 677-700.

[180] Tom S M, Fox C R, Trepel C, et al. The neural basis of loss aversion in decision-making under risk [J]. Science, 2007, 315 (5811): 515-518.

[181] Weinstein N D. Unrealistic optimism about future life events [J]. Journal of Personality and Social Psychology, 1980, 39 (5): 806.

[182] Weisbach M S. Outside directors and CEO turnover [J]. Journal of Fi-

nancial Economics, 1988, 20: 431-460.

[183] Weiss D. Cost behavior and analysts' earnings forecasts [J]. The Accounting Review, 2010, 85 (4): 1441-1471.

[184] Williamson O E. Managerial discretion and business behavior [J]. The American Economic Review, 1963, 53 (5): 1032-1057.

[185] Wilson F C. Commerical carpets: Have SG&A costs gone through the roof? [J]. Textile World, 2000, 150 (3): 67.

[186] Wiseman R M, Bromiley P. Toward a model of risk in declining organizations: An empirical examination of risk, performance and decline [J]. Organization Science, 1996, 7 (5): 524-543.

# 后　记

本书是在我的博士论文的基础上编写完成的，我第一个要感谢的就是我的导师王永海教授，是老师带着我一步步走进了学术殿堂，在他的影响下，我对学术研究工作越来越感兴趣。老师对待学术的态度十分严谨，他认真地对待我的专业学习，耐心辅导，哪怕是研究中的一个小错误都会认真地给我指出来。同时，王老师对待学生的态度很宽容，所以在和王老师相处的过程中也不会感到拘束。总之，跟着王老师学习多年，收益良多，师生之情很难用语言表达，在这里只有深深地表达我对老师的感谢和尊敬！

除此之外，我还要对所有给过我帮助和指导的老师们表示感谢，他们是谢获宝教授、唐建新教授、余玉苗教授、谭力文教授、李青原教授、余明桂教授、潘红波教授等。

最后，我要对我的父母和妻子表示深深的感谢，虽然我的父母在生活上并不富裕，但是他们却让我接受了宝贵的高等教育，而且一直在背后默默支持我，他们不仅是我前进的动力，也是我避风的港湾。此外，我也要感谢我的妻子，她在我读书以及写作的这段时间，不仅独自承担了家庭的劳动，而且还要照顾年幼的孩子，使我有充足的时间来完成写作，从而使本书得以顺利出版。